深圳風物志

【第二辑】

家族记忆卷

程 建 · 编著

许佳兴 · 绘

海天出版社

中国 · 深圳

图书在版编目（CIP）数据

深圳风物志. 第二辑. 家族记忆卷 / 程建编著；许佳兴绘. — 深圳：
海天出版社，2020.1（2020.12 重印）
 ISBN 978-7-5507-2813-4

Ⅰ.①深… Ⅱ.①程… ②许… Ⅲ.①深圳 – 地方志
②家族 – 史料 – 深圳Ⅳ.① K296.53 ② K820.9

中国版本图书馆 CIP 数据核字 (2020) 第 003619 号

深圳风物志·第二辑·家族记忆卷
SHENZHEN FENGWU ZHI · DI-ER JI · JIAZU JIYI JUAN

出 品 人　聂雄前
责任编辑　涂玉香
责任技编　陈洁霞
装帧设计　越众文化传播
封面题字　曹子器

出版发行　海天出版社
地　　址　深圳市彩田南路海天综合大厦 7-8 层（518033）
网　　址　www.htph.com.cn
订购电话　0755-83460239（邮购、团购）
印　　刷　深圳市新联美术印刷有限公司
开　　本　787mm × 1092mm 1/16
印　　张　13.5
字　　数　160 千字
版　　次　2020 年 1 月第 1 版
印　　次　2020 年 12 月第 2 次
定　　价　68.00 元

作者简介

作者　程建

程建（1962—　），四川崇州人。深圳地名研究者。1979 年毕业于崇州市崇庆中学，后考入中山大学历史系学习，1981 年转入中山大学人类学系考古专业。1983 年毕业后，先后在江苏省镇江博物馆、镇江革命历史博物馆、镇江市文管办工作。现居深圳。现任深圳市宝安区文艺家协会副主席、深圳市古迹保护协会理事、宝安区传统文化协会副会长、沙井蚝民俗文化研究会副会长。主要著作有《京口文化》《沙井记忆》《激荡三十年——我们的宝安》《阅读宝安》《千年传奇沙井蚝》《深圳古诗拾遗》等，参与编撰了《沙井镇志》《沙井街道志》《新桥街道志》《深圳文物志》《宝安文物志》《宝安区志》。

手绘师简介

手绘师 许佳兴

深圳自由插画师，广东省青年艺术家。现为跨媒体创作人，动漫 IP 主理人，深圳向阳 ART 工作室创始人之一。多年从事漫画、插画、纯艺术培训、视觉艺术及平面设计工作。作品多次获奖并入选多本著名设计和插画年鉴，以及参与多个大型展览；作品《蓝气球》《月光男孩》《气球男孩》等被多家网站收录出版；获 2015—2016 全国艺术插画双年展出版物奖。还担任深圳市插画协会（SIA）会员，广东省动漫艺术家协会（GDCA）会员，广州市动漫艺术家协会（GZCA）会员。

一代代前赴后继的拓荒牛

　　深圳是一座移民城市。移民城市的城市精神是进取和包容，允许人们一穷二白而来，允许奋斗后的失败。这是一方允许来自五湖四海的人们怀揣着理想来拓荒，来拼搏，来让各种可能性实现的热土。深圳地处边陲，在大陆的南头，这里历来是大北方南下移民的终点。面对浩瀚的南海，他们停住了慌乱的脚步，留了下来。

　　早在第一个移民到来之前，深圳这片土地上就已繁衍生息着人类：古"百越"族中的古南越族。公元前 214 年，秦平定岭南，设置岭南三郡，深圳被纳入帝国的版图。西汉武帝平定岭南，把南越国领土分成九个郡，深圳地区属南海郡。西晋时期，中原人因逃难，源源不断地渡过长江，乔迁江南，甚至越过南岭，顺着东江、北江，来到珠江三角洲，集聚到番禺（今广东广州市）周围。随着居民的集聚，食盐需求量越来越大。据地方志记载，三国东吴在南头设立司盐都尉，管理南海边的盐业生产，取名为"东官"，取"东方盐官"之意。西晋末年，战乱和饥荒接踵而至，黎民百姓携家南逃，被称为"流人"，其中很大一部分逃到珠江流域。后来，东晋又发生了"五胡乱华"，大量的中原士族举家南迁。

　　随着移民越来越多，越来越往南移，东晋咸和六年（331 年）分

·序·

南海郡设立东官郡，下辖宝安、海丰、兴宁、雷乡四县，加强了对这一区域的治理，并在南头"司盐都尉垒"的基础上加筑城池。这里离朝廷最远、最南，"南头"这个名字当之无愧。随着中原移民的增多，儒家传统文化也在这里逐渐生根。铁仔山的考古发现证实，至少从东晋中叶开始，北方移民文化再次与深圳地区的土著文化交汇融合。由于人口少，地区经济长期不发达，无法承担地方财政的开支，宝安县于唐至德二年（757年）改为东莞县，县城也由南头迁往涌（今东莞）。

两晋时期的移民应该是深港地区的第一次移民潮。他们不仅带来了中原的生活方式和生产技术，而且改变了当地的居民结构，使这一地区进一步发展。

第二次移民潮发生在两宋时期，这一次移民与盐业密切相关。地处珠江出海口的深港地区，除了大面积的山地，剩下的就只有小面积的滨海平原。这些平原由于土壤盐碱含量高，农作物无法正常生长。前面已提到三国东吴在南头设司盐都尉，至北宋初年，据北宋王存《元丰九域志》记载："东莞县有靖康、大宁、东莞三盐场，海南、黄田、归德三盐栅。"其中东莞盐场在南头前海、后海一带，海南盐栅在香港大屿山，黄田盐栅在西乡一带，归德盐栅在松岗、沙井、福永一带。由此可知，从今天东莞和深圳交界的茅洲河入海口一直到香港的大屿山，深圳西部的整个海滨都被用来晒盐了。北宋初期官府收购海盐，每石（约五十九公斤）给钱二百，在一定程度上刺激了盐业生产。北宋后期，深圳地区原来的归德、黄田盐栅升格为场。南宋初年，在深圳葵涌增设叠福盐场，在香港九龙设官富盐场。《宋史·食货志》

载："广州东莞、靖康等十三场，岁鬻二万四千余石，以给本路及西路之昭桂州，江南之南安军。"南宋，这里生产的广盐除了供应广南东路（今广东大部地区），还供应广南西路（今广西、广东部分地区及海南）的昭州（今广西平乐县）、桂州（今广西桂林市），还有江南西路的南安军（今江西上饶市）。盐场大量招募盐工，形成新的居民群体，他们的身份为灶籍，由盐课司管理。据地方志记载，明代归德盐场人户一千四百五十二户，人丁三千八百三十三丁；东莞盐场人户四百五十四户，人丁七百七十一丁；黄田盐场人户四百五十九户，人丁五百四十八丁。这三个盐场，盐民人家就有二千三百六十五户，人丁五千一百五十二人。据估计盐业居民在一万人以上。

洪武二十七年（1394年），明朝政府在深圳设立东莞守御千户所和大鹏守御千户所。据《明史》卷九十、志第六十六记载："天下既定，度要害地，系一郡者设所，连郡者设卫。大率五千六百人为卫，千一百二十人为千户所，百十有二人为百户所。所设总旗二，小旗十，大小联比以成军。"军户实行世袭制，子子孙孙相继。他们不纳税或纳很少的税，但必须根据国家要求服兵役，平时进行军屯，分田耕种。

到了明代，随着倭寇、海盗和番夷骚扰加剧，南头一带显示出愈来愈重要的战略地位。正如康熙《新安县志》所说的那样："新安，弹丸小邑也。然佛堂门诸险，砥柱大洋，较虎门尤为扼塞。景炎驻跸，忠义之苗裔多留寓焉。若大奚名胜，鱼盐物产，不胜仆数。东北与东莞，及循州之归善、博罗相错犬牙，海西南向，遥连香山，澳门，实与省会相辅。"明正德年间，当地百姓也曾请求从东莞县分立新县，可惜没有被官府采纳。明代隆庆六年（1572年）二月，广西提刑按察司副使刘稳调补广东提刑按察司副使，负责广东海疆的防御及安全。在他的帮助下，万历元年（1573年），深港地区从东莞县分立出来，成立新安县。据康熙《新安县志》记载，万历元年，新安县共计有七千六百零八户，人口三万三千九百七十一人。

明清时期，深港地区的居民类别由民籍、灶籍和军籍构成，全县的常住人口在四万五千人左右。

为防止沿海居民接济反清复明势力，清初两次迁海，将新安境内居民迁往他乡，新安县被并入东莞县，当地的盐场也被完全废弃。康熙七年（1668年），新安县人口仅剩二千余人。后来广东巡抚王来任力陈迁界之害，次年朝廷下令复界，新安县得以恢复。尽管清廷明令"尽复闽粤沿海居民之旧业"，但"边界虽复，而各县被迁内徙之民，能回乡居者，已不得一二"。复界后的前三年，仅迁回原住民三千余人。为了复垦宽旷地多的粤东沿海地区，政府准许各地流移的农民迁入，实行招垦劝农的政策，吸引了大批客家人迁入归善县和新安县。原居于闽、粤、赣三省交界地的客家民系，纷纷举家南迁至深圳东部山地丘陵地区。

康熙迁海也严重影响了深圳西部沿海盐场。复界初期，原来从事晒盐业的灶户回迁甚少，政府虽努力招复，但入迁垦荒者多不习煮盐，广盐的市场也逐年萎缩。据《清实录》卷一二四载：康熙二十五年（1686年）"户部议复广东巡抚李士桢疏言：粤东滨海小民，藉盐资生。从前江西、南赣两府俱食粤盐，因康熙元年禁海以来……改食淮盐。今粤省平定，请循旧例，令南赣两府仍食粤盐销引。从之"。盐民逃亡，盐田荒废，很长时间都无法恢复生产。雍正六年（1728年）发生了广东东莞盐场大使胡文焕因缺少盐额被革职留任，限期半年内补足的事件。盐场到了无利可图的地步，只能关门大吉。乾隆三年（1738年），东莞县的靖康盐场并入归德盐场，称为"归靖盐场"。至乾隆五十四年（1789年），归靖、东莞盐场均被裁撤，盐田因池漏被废弃，改做稻田，盐民改做农民。由于西部沿海地区开发比较早，那里的居民自认为是土生土长的居民，也因长期属广州府管辖，就成了所谓的"广府人"，而来自东部山地丘陵的新移民就被视为"客家人"。

康熙迁海改变了沿海地区的人口构成、社会形态和村镇结构等，是一次重大的历史事件。它直接导致古代深圳一次最大移民潮，也是如今深圳地区西广府文化、东客家文化及其聚落形成的社会背景。

深圳的历史就是一部移民史，一代又一代的移民都是拓荒牛，无论是来种地、晒盐，还是来捕鱼、养蚝，他们都把这块土地当成自己的家园来建设。随后，一个人变成一家人，一家人变成一个家族，深圳的历史文化就是由他们创造的。

 · 目录 ·

第一章

广府民系家族

沙井陈氏

　　沙井自古就是海盐的产地，北宋设归德盐栅，后升为归德盐场。陈氏家族定居沙井，从事盐业生产。清朝初年，沙井蚝业已非常著名，沙井陈氏在白石岗旁创建云林墟，成为新安县西部主要的贸易场所；乾隆年间，又增建了沙井墟和新墟。燕川陈氏主要从事农业生产，他们和白石厦文氏共同创建义和墟；嘉庆年间，又和文氏合力发展黄松岗墟（今深圳市宝安区松岗街道）。荷坳陈氏也主要从事农业生产，和其他姓氏合作创建横岗墟（今深圳市龙岗区横岗街道），其仙溪支派还创建了龙岗墟（今深圳市龙岗区龙岗街道）。陈氏自立村于沙井、燕川、荷坳三地后，经元、明、清三代，枝繁叶茂，辈出名贤，成为宝安一大望族，为古代深港地区的发展做出了重要贡献。

[溯源]

　　据陈氏族谱记载，陈氏的发源地为河南颍川。

　　陈橓（生卒年月不详），字飞羽，号子策，河南颍川太丘长陈寔之后裔，生于唐咸通六年（865 年）正月。陈橓的祖父叫陈闻，生父叫陈勋。陈勋、陈檄父子于 881 年至 882 年避乱移居福州。陈檄因长期辅佐闽王有功，官至太尉大都督节度使，封检校司空左武卫上将军。闽王把侄女王氏赐嫁陈檄，封楚国夫人，并赐第城南石井。陈檄被尊称为古灵陈的开基祖。福州人民感念他辅佐闽王的杰出贡献，在他逝世后于福建侯官古灵村（今福建福州市闽侯县南通镇古城村）修建"古灵王庙"并奉祀至今。陈檄生三子。长子令镕，为闽国大中大夫，后迁闽侯大义村，被称为"大义陈"的始祖。次子令图，为闽国金紫光禄大夫、检校司空、尚书左仆射、上柱国颍川县开国子，食邑六百户，后迁居侯官（今福建福州市闽侯县）古灵村。不过，"古灵陈"和"大义陈"都尊陈檄为自己的一世祖，因此，陈檄是"古灵陈"和"大义陈"共同的开基祖。陈檄的三子令献，自福和州迁至沂山（鳌山），为鳌山、乾元、天福三村陈氏的始祖。陈令图生子陈希颖，即陈襄的祖父。

沙井陈氏奉陈襄为太始祖。

陈襄（1017—1080 年），北宋理学家，字述古，因居古灵，故号"古灵先生"，侯官人，与陈烈、周希孟、郑穆结为密友，并称"海滨四先生"。庆历二年（1042 年），中进士，曾任浦城县（今福建南平市）主簿，代理县令，明察深研，判决不少疑案。并建学舍三百楹，亲临讲课，求学者数百人。后调任台州仙居令，作《劝学》一文，劝年轻人就学。皇祐三年（1051 年），入京任秘书省著作郎，后又外任孟州（今河南焦作市）河阳令。当地人不懂种水田，陈襄割田二百亩为示范田，教老百姓种水稻。至和元年（1054 年），再次入京任秘书丞。后外放为彭州（今四川彭州市）蒙阳令。富弼为宰

相时，力荐陈襄。嘉祐二年（1057年），任秘阁校理，判尚书祠部事。嘉祐六年（1061年），出知常州，发动民众开渠引水，使二百里土地受益。治平元年（1064年），改任开封府推官。后为盐铁判官。神宗即位，陈襄奉命出使辽国，辽国设小座招待陈襄，陈襄以礼争之，不肯就座，辽人反向地方官抗议，上奏朝廷，陈襄因此出知明州（今浙江宁波市）。熙宁元年（1068年），任尚书刑部郎中，修起居注，知谏院，管理国子监事，改侍御史知杂事。时王安石执政，陈襄五次上疏，论"青苗法"之害，请罢免王安石、吕惠卿。神宗不从，但器重陈襄文才，召试知制诰。陈襄以言不见听，辞不应试。翌年，任知制诰，入直学士院。熙宁四年（1071年），陈襄出知陈州（今河南淮阳市），修建范仲淹拟修的学舍，与诸生讲《中庸》。次年，移知杭

◀

陈氏自立村于沙井、燕川、荷坳三地后，经元、明、清三代，枝繁叶茂，辈出名贤，成为宝安一大望族，为古代深港地区的发展做出了重要贡献。图为沙井义德堂陈氏宗祠。

州。熙宁七年（1074年），复知陈州，修八字沟，排除城中水潦灾害。熙宁九年（1076年），陈襄被召入京，为枢密院直学士，知通进银台司，提举进奏院，后又兼侍读，提举司天监。元丰二年（1079年），兼管尚书都省事。在经筵时，陈襄受神宗信任，曾举荐司马光、韩维、吕公著、苏颂、范纯仁、苏轼、曾巩、程颢、张载、苏辙、郑侠等重臣和名士33人。陈襄之所以能荐贤，能当好伯乐，是出于他个人的修养，出于公心。他所推荐的人，后来除了林希一人外，都成为硕儒名臣。元丰三年（1080年）三月三十一日，他病卒于开封。宋廷追赠给事中，谥文忠，葬于江苏常州市宜兴县永定乡蒋山之原。陈襄著有《古灵先生文集》二十五卷，另有《易讲义》《中庸讲义》传世。《宋史》有传。

陈朝举（1131—1213年），名义，又名孔硕，字朝举，号野望，为陈襄裔孙，宋代理学大师朱熹之高足。少敏悟端谨，不苟涉猎，潜心钻研《太极图》《易通》《伊洛渊源录》诸书。淳熙年间举进士后，孝养高堂，教授后学，诏召再三，婉辞不赴，授正议大夫。因金乱，迁广东南雄，结庐柯树之下。南雄人争遣子弟从游，诲之不倦。有《乔迁集》行世。随着年纪的增大，陈朝举越来越思念故土，于是率家人回到祖居地洛阳。在洛阳还未停留多久，金人的马蹄声就踏醒了人们安居的美梦。陈朝举只得收拾行装，洒泪告别祖宗佳城，率族南行。但他们没有回福建侯官，而是随着南迁的移民潮，翻过大庾岭，落籍在南雄珠玑巷。为了找到一块适宜子孙发展的土地，晚年的陈朝举不顾年老体弱，继续率族南迁，沿着珠江东岸一直走到珠江三角洲的尽头，一个叫涌口里（今沙井云林新村附近）的地方。由于钦赐孝子黄舒的出现，这里曾被赐名"参里"，后又改名为"涌口里"。当他听说此地是孝子黄舒的故里，毅然停住了漂泊的脚步，就此开村立业。陈朝举在海边修建了一座楼台，无论四时八节，他都率子孙登楼遥祭北方，望着滔天的海水，滚滚翻卷的浪花，给子孙讲那过去的故事，也许是洛阳，也许是牡丹花，要他们一定记住，洛阳才是自己的家，一定要回去啊！天气晴朗时，风起水涌，雪白的浪花如烟似雪，所以他把楼台命名为"锦浪楼"。陈朝举的子孙没有完成北归的心愿，倒是一批批的移民迁来，比邻而居，热了这方土地，直把异乡当故乡。

[燕川房]

燕川村位于松岗街道东北面，距离街道办事处约 4 千米。相邻自然村有罗田村、塘下涌村、山门村，北面有罗田林场，与东莞市大岭山镇接界。该村地处丘陵地带，村内有金谷山、天鹅山、圆头岭、鹧鸪岭等，海拔最高约 70 米。

据文献记载，燕川村原称"燕村"或"燕邨"。燕川之名的由来，有几个传说：其一，燕川之川是因村前有一河流，即今茅洲河，故名。当地有"三丫流埋归一丫，唔中状元中探花"的俗语。三丫分别指鹅公岭、莳禾叉、瓦窑，三丫分布有如燕子形。另有一种说法是族人目睹燕子成群筑巢落户家中，不忘先祖朝举公河南洛阳颍川故地，取燕子之"燕"和颍川之"川"字，合起来称作"燕川村"。

一世祖陈朝举，生三子：长子康道，次子康适，三子康运。

二世祖陈康道，字燕川，号云林，宋处士，陈朝举长子。他潜心笃学，灌园自适，建云林别业，累举孝廉不就。陈康道生二子：长子子安，次子子廉（远适他乡）。

三世祖陈子安，陈康道长子，生二子：长子嗣宗，次子荣宗，自涌口里迁墩头开基。

四世祖陈嗣宗，陈子安长子，生三子：长子友直，次子友敬，三子友亮。

五世祖陈友直，陈嗣宗长子。从小就非常聪明，以读书为乐，五经子史，无不通览。他十分赞赏赵季仁（南宋时长乐人）所说的"三愿"：一愿识尽世间好人，二愿读尽世间好书，三愿看尽世间好山水。慢慢长大后，他开始喜欢结交端人正士，只要打听到，再远都跋山涉水而去，亲自登门拜访。他除了读书会友，就是游历山水。每逢秋高气爽的季节，他便遍游远近地区的风景名胜，得山水之趣，往往乐而忘返。某一年的九九重阳，他登了旗峰，傍晚沿莲花径回来。当经过燕川的时候，不由得被暮色里国画般优美的景致打动了，他不禁感慨道："四顾山环水绕，秀而清。从前见之，不过以山乐吾心耳，乃今始知可以居。居之繁衍，莫之与京也。"于是他寻其脉络，定其方向，找到龙气合的吉位正好是一块空地，便在那里开基建宅。当时，在燕川聚族而居的大家族，有曾姓、邓姓、赖姓，栋宇相连而居。起初，他总是受到强族的欺凌和排挤，但陈友直以"百忍待时，不计数代"的精神坚持了下来，成为燕川立村之陈氏始祖。生三子：长子以仁，次子以礼，三子以德。

六世祖陈以仁，陈友直长子，生一子：彦广，迁居东莞海南栅。

六世祖陈以礼，陈友直次子，生一子：彦昌，不知去处。

六世祖陈以德，陈友直三子，生一子：彦辉，居燕川。

七世祖陈彦辉，陈以德之子，生一子：光堡。

八世祖陈光堡，陈彦辉之子，生六子：长子荣斌，次子华斌，三子富斌，四子贵斌，五子爵斌，六子禄斌。

九世祖陈荣斌（世英），陈光堡长子，生一子：守愚（乡贤），居燕川上巷。

九世祖陈华斌，陈光堡次子，出继陈万奇，居东莞大凹村。

九世祖陈富斌（处静），陈光堡三子，居住在燕川，生五子：长子松隐（谟），次子养淡（谐），三子耕乐（潜），四子甘淡（谊），五子养拙（言）。

九世祖陈贵斌，陈光堡四子，迁居周山。

九世祖陈爵斌，陈光堡五子，居住在燕川下巷。

九世祖陈禄斌，陈光堡六子，原居住在石桥，后迁到福永村。

以上是朝举之康道派系。后裔聚居在燕川、福永、戴冚、水边围、周山、石桥、新会、惠州，不少人移居香港乃至海外。

[荷坳房]

荷坳村是一个历史悠久的古老村落，位于深惠路北部，机荷、深惠、惠盐、水官四条高速公路在村内纵横贯穿。据《荷坳厚德堂陈氏族谱》记载，荷坳属广府地，是龙岗地区最早的古村落之一。深圳宝安沙井、燕川房朝举后裔奉陈朝举为始迁沙井一世祖，而龙岗荷坳房奉康适为一世祖，奉朝举为始祖。

始祖陈朝举，生三子：长子康道，次子康适，三子康运。

一世祖陈康适，又名世昌，号监场，陈朝举次子。生于南宋绍兴年间，卒于淳熙十二年（1185年）。随父辗转落籍于南雄珠玑巷。后又随父自南雄珠玑巷迁东莞归德盐场。淳熙初年，康适往惠州府归善县（今惠州市惠阳区）任盐场官，至上淮贺村（今龙岗区横岗街道荷坳村）一带，爱其风土之美，遂落籍于此，乃上淮贺村开基始祖，娶欧氏，生一子文彬，始建家拓业于上淮之贺村。

二世祖陈文彬，陈康适之子，宋登仕郎，娶韩氏，生二子：长子舜举，次子舜咨。

三世祖陈舜举，陈文彬长子，娶林氏，生四子：长子庆宗，次子绍宗，三子继业，四子喜宗。

四世祖陈庆宗，陈舜举长子，娶申氏，生二子：长子敬斋，次子敬诚。

五世祖陈敬斋，陈庆宗长子，娶谭氏，生五子：长子君甫，次子君瑞，三子君达，四子君佐，五子君佑。

六世祖陈君达，陈敬斋三子，娶罗氏，生一子：宗谅。

七世祖陈宗谅，陈君达之子，娶萧氏，生四子：长子楚英，次子楚彦，三子铭，四子钺。

八世祖陈楚英，陈宗谅长子，娶侯氏，生一子：镛。

八世祖陈楚彦，陈宗谅次子，住仙人岭车村。

八世祖陈铭，陈宗谅三子，住荷坳黄角坑沙围堂。

九世祖陈镛，陈楚英之子，居蒲芦围。

以上是朝举之康适派系。其后裔聚居在横岗、荷坳、格坑、沙塘围、麻地头（麻地村）、黄阁坑、拔魁围（白灰围），龙岗蒲芦围、仙人岭、低山、车村、松元角、积谷田，博罗九子塔、紫金下石、东莞茶山竹边围、陇头、岗头等村，不少人移居香港乃至海外。

[沙井房]

二世祖陈康运，聪明勤学，四书五经、二十一史，靡不穷究。虽举孝廉，隐居不仕，晚年好吟咏。原配钟氏孺人，生一子：子良。

三世祖陈子良，字宋举，陈康运之子。他聪明勤学，穷究四书五经，遍览史书，有《云溪诗集》行世。娶吴氏，生二子：长子健菴，次子顺菴。

四世祖陈健菴，陈子良长子，娶彭氏，无子，以燕川陈嗣宗三子友亮为继子。

四世祖陈顺菴，隐居乐道，精通堪舆（风水），迁往东莞茶山。后裔分布于沙井、积隆、茶山。

五世祖陈友亮，陈健菴继子，搬出涌口里到龙津孔进坊，也就是今天的沙井大村，为沙井立村之祖。生二子：长子以勋，次子以绩。

五世祖陈友敬，燕川陈嗣宗次子，晚年也迁到沙井。

六世祖陈以勋，字扬韬，陈友亮长子，宋末父子率兵勤王，官至统领。娶黄氏，生一子：赐五。

六世祖陈以绩，陈友亮次子，迁别省。

七世祖陈赐五，字爱溪，宋内典史，钦赐金鱼绯袋。娶吴氏，生三子：长子德稿，次子腹稿，三子腹伦。

八世祖陈德稿，字山长，陈赐五长子，娶林氏，生一子：汝周。

八世祖陈腹稿，陈赐五次子，娶钟氏。迁别省。

八世祖陈腹伦，陈赐五三子，娶何氏。迁别省。

九世祖陈汝周（1364—1455 年），陈德稿之子，字隽俗，明岁贡生，娶刘氏，生三子：长子昂稹，次子昂稔，三子昂积。

十世祖陈昂稹，陈汝周长子，娶郑氏、翟氏，生三子：长子渭爱，次子渭坚，三子渭顺（信）。

十世祖陈昂稔，陈汝周次子，邑庠生，娶罗氏，生三子：长子雪祖（瑞丰），次子元祖（三河），三子瑞祖（暄丰）。

十世祖陈昂积，陈汝周三子，娶文氏。生一子：十保（月溪）。

燕川房、荷坳房、沙井房为沙井陈氏三大房。到了第十代，九世祖陈汝周有了七个孙子，出现了"十代茂开枝蕃丁兴旺"的大好局面。陈应韶在《重修族谱序》中赞其祖先"审天识地理，去涌口，就龙津，接合澜之巨派，拥龙穴奇峰，山川钟毓，人杰地灵，故累叶迎传，不乏联翩秀士"。

[人物]

陈彦辉（1341—1382 年），又名士美，居燕川。素好读书，兼通法律，性刚烈。洪武初年归德场官以其公旨有干，请于盐运使举，充讥察，未尝乘时射利猗威，有侵渔灶丁盐商者，必治之弗恕，由是宿蠹以除，有裨于政，人皆爱而重之。然性刚负气，不屈于人，见不善者，则面折之而不贷，有非理相加者，必挫之而后已。明洪武十五年（1382 年）草寇窃发，竟为仇人所害。是岁正月初八也，得年四十一岁。

陈富斌（1413—1484 年），燕村人。孝顺父母，尊敬兄弟，与人交往，慷慨仗义，在他人遭遇困难时，会倾力相助。他性情敏健，人品醇静，读书彻夜不倦，析理洞悉元微，常以己学授族幼。他生平性静，处变不惊，常常对人说："我心湛然，静如止水。事未静，应物去静，安以待动，无往不可，动以处静，无时不然。"东莞知县王尚、吴中、李辉等都十分尊敬他，从不把他看成一个普通老百姓，时不时登门问候，向他咨询施政的得失和民间的疾苦。天顺五年（1461年）岁饥，官府发文，凡是拿出粮食救灾的，奖励冠带荣身。他拿出万石粮食，却辞去冠带，认为国家是为民渡灾，自己拿出粮食是为了国家，哪能只为自身利益打算？第二年县城里的城楼倾塌，他捐助七千缗钱重建。晚年将家务事交给儿子们去打理，每日督促孙子们勤奋苦读。病危之日，他把儿孙叫到床前，叮嘱他们说："安分循理，保守世业。"说完就去世了。富斌生了五个儿子，长子松隐（谟），次子养淡（谐），三子耕乐（潜），四子甘淡（谊），五子养拙（言）。

陈让，字克逊，号守愚，燕村人。是陈荣斌的儿子。父亲在他幼时就去世了，留下孤儿寡母相依为命。他从小就知道孝敬母亲，对堂弟极其友善，据说当时按人口的数量分配田亩，考虑到堂弟家的负担重，三份的田亩他只拿一份，给堂弟两份。天顺五年（1461年），遭遇百年不遇的旱灾，官府诏令民间出粟千石，帮助县官赈济饥民，出粟人家可以得到官府的表彰。陈让拿出稻谷三千石，却归名于叔叔陈富斌，陈富斌的名字不仅被写进《东莞县志》，还被列入赈饥勒石，立在县衙的仪门。他生性嗜学，喜欢写诗，著有诗集四卷。万历四十二年（1614年）新安县令王廷钺打报告请示，批准陈让入祀乡贤。陈让夫妇的墓，现位于燕川鹅公岭。

　　陈大谏，字遂忠，号菊坪，燕村人。十岁就能写文章，十五岁补为邑弟子员，五次参加江南贡院的考试，三次中举乙榜。明嘉靖四十三年（1564 年）领乡荐第六，万历十七年（1589 年）授湖广荆州府通判。那时荆州地区的民风较为凶悍，陈大谏上任后就设立科条，政举刑清，当地的官员和百姓都信服他。由于父亲去世，他按例回乡丁艰。期满后，补缺福建汀州府通判。在汀州，他筹划有方，厘奸剔弊，百废俱修。在公务之余，便到学校和诸生交流，探讨义理，阐扬性命。与他平级的官员，凡是有事请教于他，他都能指示机宜，切中时弊，没有人不佩服他的睿智。他退休离任时，行李萧然，当地的官员百姓夹道欢送，并请人绘制了一幅题名为《攀辕图》的画送给他，表达百姓依依不舍的情谊。陈大谏，因其子陈向廷被诰封为户部郎中。

　　陈向廷（1570—1619 年），字仪翔，号美用，燕村人。万历二十一年（1593 年）以选贡入北雍（北京国子监）；万历二十五年（1597 年）领乡荐；万历二十六年（1598 年）登戊戌科进士。初授江南徽州府（今安徽省黄山市）推官，掌理刑狱。他清理累积的悬案，废除苛刻的刑罚，让徽州百废俱兴。不久调到汉阳，因为母亲去世，他按例回乡丁艰。期满后，他起补为江西抚州府推官。由于他实心惠政，解决不少问题，老百姓深深地感激他，为他建立生祠表彰纪念，当地有名的进士吴道南还专门为他写了一篇祠记。万历三十八年（1610 年）提升为大理寺评事，被派去负责四川乡试，得名士王应熊。王应熊，字非熊，巴县人。当时王应熊的考卷被错认为他人的，直到发榜以后才发现错误。和陈向廷一起负责乡试的官员都认为此事难办，不要改了，而他却认为必须改正为王应熊，为此据理力争，最后得以改正。三年后，王应熊考中进士，后来官至兵部尚书兼文渊阁大学士的位置，人们不得不佩服陈向廷"藻鉴"人才的眼光。万历四十一年（1613年），陈向廷升任大理寺左寺副，后转任户部福建司员外郎。万历四十三年（1615年）升任户部广西郎中，不久升任山东提学副使。万历四十七年（1619年）病逝于河北献县。天启元年（1621年），家人奉其棺柩归葬燕川鹅公岭。向廷生女二，以兄子为嗣。著有《百尺楼遗稿》七卷行世。

陈观海（1851—1920年），字赐昌，又名泗昌，号贡川，荷坳人。曾在荷坳、福永、西乡、广州的教会学校读书。同治六年（1867年）春，经过严格的考察和选拔，陈观海被学校选派出国留学，是近代中国最早到德国的留学生之一。他是一位博学多才的学者、教育家、外交家和爱国的宗教界人士，他的成就和对社会的贡献也是多方面的。同治十一年（1872年），陈观海完成了巴陵神道大学的学业，被送至礼贤神道大学继续深造。毕业时，24岁的陈观海是最优秀的学生，被选为基督教信义宗的第一位华人牧师。光绪元年（1875年）春，陈观海回国，在广州神道学校任教师。一年后，陈观海调到南巴陵会工作，之后相继在宝安、香港、紫金等地的巴色会及教会学校任职、任教，是一位对基督教神学理论造诣较深的神学家。陈观海在德国留学多年，深受西方民主思想的影响，回国后在传教和教学中，积极向教徒和学生传播西方的民主思想和观念，使他们受到西方民主思想的启蒙教育，他们中的一些人后来走上了民主革命的道路。陈观海曾任职于香港救恩堂，其中一位教友李昌在檀香山任秘书，积极协助孙中山先生创建兴中会，是早期兴中会的重要骨干。许多香港巴色会的教友也参加了兴中会，有的还捐款支持孙中山先生的革命事业，对中国早期的民主革命运动做出了积极的贡献。光绪二十六年（1900年）八国联军侵华，陈观海辞去教会一切职务，专事写作和翻译。光绪二十七年（1901年），陈观海到山东胶济铁路任翻译和交涉员，又先后在山东巡抚署交涉局、两江总督署和两广总督署洋务局任职。宣统三年（1911年）陈观海回到香港定居，担任基督教巴色会牧师和华人基督教自治组织中国基督教会的义务牧师。1920年12月4日，在香港逝世，终年70岁。

陈细珍（1901—1947年），燕川人。1923年参加革命，1924年加入中国共产党。1928年2月23日，中共宝安县委第一次党代会在燕川召开，他是19位到会代表之一。大革命失败后到香港。1941年，在香港发动农民运动，后回燕川参加东江纵队。1944年7月，东宝行政督导处在燕川陈氏宗祠成立后，他在燕川负责减租减息等地下工作。1947年3月被捕，押往东莞虎门监禁。其子陈汉昌受牵连亦被囚，并累及全家，后因缺乏证据获释。1947年6月，陈细珍被国民党枪杀于花果山，就义前任燕川农会会长。公明乡乡长陈琴将其遗体葬于燕川村。

[祠堂]

义德堂陈氏宗祠位于深圳市宝安区沙井街道沙三社区，坐北朝南，三间四进，外三开间，内五开间布局，山墙皆为硬山式，灰塑船形正脊。经1993年重修，瓦面改为绿琉璃瓦面，琉璃瓦当。门堂明间通以红砂岩贴面，实榻木板门，条石门匾刻有楷书"陈氏宗祠"四字，有对联"凤集高岗仁看文明天下，龙蟠沙井行将霖雨苍生"。梢间以五皮红砂岩衬底，上砌清水砖墙，红砂岩墀头。后堂建抬梁式梁架，梁架多有木雕。后金柱起到后山墙，方阶砖铺地。天井窄小，条石铺底，两侧为通廊。硬山博风处有灰塑，内墙山间有彩绘，两墀头各雕人像图案，非常精致。堂号为"义德堂"，意思是族人做人做事都要讲仁义道德。

德邻堂陈氏宗祠，又名"朝举公祠"，位于深圳市宝安区燕罗街道燕川社区，始建年代不详，清光绪二十二年（1896年）重修，占地面积924平方米。宗祠坐北向南，共五间，为面四进深三堂两横带后枕杠间的布局，建造精美，布局严谨。大门两侧有对联"门环燕水，祠对麟峰"。后堂屏门石柱有对联"源洛阳本闽侯徙珠玑分布燕荷沙三派宗枝同竞秀，入枢密参政议擢科第友恭道适运一堂花萼永联辉"。中堂木柱有对联"颖水振家声肯构肯堂共沐古灵教泽，德邻绵世胄群昭群穆远承朝举宗风"。神龛前红石岩石柱有对联"祠宇维新燕水源流滋大地，山川依旧麟峰日月照中天"。神龛旁有对联"燕翼绵长一脉三支承祖德，川流不息千秋万代荐宗功"，横批"祖德流芳"。堂名为德邻堂，意为"有德之人相聚为伴"。语出《论语·里仁》："子曰：德不孤，必有邻。"何晏《论语集解》："方以类聚，同志相求，故必有邻，是以不孤。"

荷坳陈氏宗祠，又名监场公祠，位于深圳市龙岗区横岗街道荷坳社区，毁于道光二十九年（1849年）。堂号为厚德堂，语出《周易·坤》："君子以厚德载物。"

[祖墓]

　　陈朝举墓在沙井街道衙边社区，素白的砂夯呈半圆状的墓堂和享堂，一圈圈由高向低伸展开来，正中立着一块白色的花岗岩墓碑，整个墓室显得更加肃穆。碑上刻着"宋正议大夫野望陈公诰封夫人晏氏太母之墓"，墓堂两侧各立一块青石碑记《重修初迁祖野望公墓志》。嘉定六年（1213 年），陈朝举去世后葬在云霖岗（平洋岗）上，俗称"乌鸦落平洋"，坐东向西，经多次修葺。现墓于1999 年 12 月重修，为区级文物保护单位。从墓碑的碑文看，这是夫妻合葬墓。在香港九龙新界青衣岛上，原来还有一座陈朝举的原配夫人晏氏的墓穴，1974 年因建设需要迁葬到新界白坭。

归德陈氏

　　沙井大村的中间有一个村落叫辛养村，尽管同姓陈，开基之祖却不相同。据说沙井大村以南原来也属辛养村，有一年该村的男村民到珠江出海口的西岸去祭祖，遇到大风浪，船翻人亡，人口锐减，留下孤儿寡母，艰难度日，后来不得不将石角头以南的土地卖给沙井。乾隆五十九年（1794 年）族谱序谓"有南北二宗两祠分峙中央，各据形胜"，北祠即沙井陈氏宗祠，而南祠就是另外一支的陈姓宗祠了，即归德雍睦堂陈氏，也叫"驸马房陈氏"。两祠堂南北相依，离得非常近。

[溯源]

　　归德陈氏尊陈俊卿为太始祖。

　　陈俊卿（1113—1186 年），字应求，莆田县（今福建省莆田市城厢区）人。南宋大臣，官至宰辅。宋绍兴八年（1138 年）登进士，授泉州观察推官。后调睦宗院教授，以校书郎召为监察御史、殿中侍御史。他敢于弹劾奸臣，主张抗金，反对议和。孝宗即位，迁任中书舍人，以中书舍人的身份充任江淮（今江苏、安徽两省，淮河以南及长江下游一带）宣抚判官兼代理建康府（今南京市）事。隆兴元年（1163年），为礼部侍郎参赞督府军事。乾道元年（1165年）入京，为吏部侍郎、同修国史，又知建宁府（今福建省建瓯市）。第二年授吏部尚书，拜同知枢密院事，参知政事。乾道四年（1168年）入相，以选贤举能为己任。淳熙二年（1175年），以观文殿大学士出知福州，通判建康府兼江东（今江苏长江南岸地区）安抚使。淳熙八年（1181年），上书告老，以少保、魏国公致仕。卒前，手书示诸子"勿祈恩泽，勿请谥树碑"。孝宗在他死后赠其为太师，谥号正献。朱熹亲赴莆田吊唁，并为他书写其行状。

始祖陈应元，淳熙元年（1174年）与礼部郎官、中书舍人参谋军事虞允文抗击金兵，经营北方之议。虞允文是因陈俊卿"荐其才堪将相"而成为一代名相的，对陈应元也极其器重，可惜没有多久，虞允文就去世了。绍熙年间任应天府知府，侨居江左，娶刘氏夫人，生一子：梦龙。

二世祖陈梦龙，陈应元之子，娶赵氏公主，为驸马都尉。这就是雍睦堂陈氏也被称为驸马房的原因。生一子：宋恩。

三世祖陈宋恩，陈梦龙之子，咸淳元年（1265年）封为侍郎。因是帝室姻亲，宋祥兴年间，避元之难而迁到广东南雄珠玑巷。后来南迁东莞，跑遍了濒海之地，发现归德（今沙井一带）土地肥沃，民风淳朴，如《诗经·大雅·绵》所说的"周原膴膴，堇荼如饴"，是一个创业的好地方，于是定居于此。生三子：长子真子，二子受子，三子莱子。"三子咸有一德，媲美三休，上有以彰夫积功累仁之勤，下有以开夫振振绳绳之胤，载先人骸而葬，在居西建祠堂，置田数顷，以为蒸尝祭祀之典，使子孙后代世守之。"

长房

四世祖陈真子，官至县尹，生三子：长子仁叟，次子宜叟，三子敬叟。

五世祖陈仁叟，陈真子长子。娶彭氏，生一子：文臻。传至十世陈友梅而绝。

五世祖陈宜叟，陈真子次子。娶何氏、郑氏，生三子：长子伯良，次子仲良，三子季良。

五世祖陈敬叟，陈真子三子。娶曾氏，无子。

六世祖陈伯良，陈宜叟长子。娶林氏，生一子：凤仪。

六世祖陈仲良，陈宜叟次子，无子。

六世祖陈季良，陈宜叟三子，无子。继嗣尧文。

七世祖陈凤仪。陈伯良之子，生一子：永嘉。

七世祖陈尧文，陈季良继子，娶王氏、文氏，生二子：长子用壮，次子用和。

八世祖陈永嘉，陈凤仪之子，无子，将尧文的孙子陈凤过继膝下。

八世祖陈用壮，陈尧文长子，娶冼氏，生四子：长子鸾，次子凤，三子麒，四子麟。陈凤过继给永嘉。

八世祖陈用和，陈尧文次子，娶黎氏，生二子：长子英，次子雄。其子孙迁到大桥木莲塘。

九世祖陈凤，陈永嘉继子，娶朱氏、刘氏，生一子：弁。

九世祖陈鸾，陈用壮长子，娶文氏，生六子：长子经，次子纬，三子娫，四子绍，五子绥，六子缘。

据乾隆五十九年（1794年）族谱序谓"有南北二宗两祠分峙中央，各据形胜"，北祠即沙井陈氏宗祠，而南祠就是另外一支的陈姓宗祠了，即归德雍睦堂陈氏，也叫"驸马房陈氏"。图为驸马房陈氏宗祠外景。

九世祖陈麒，陈用壮三子，生二子：长子球，次子珠。陈珠随母嫁到角子头，后迁竹子园，再迁罗定州围底墟。

九世祖陈麟，陈用壮四子，娶曾氏，生一子：绎，迁往虎门海南栅南涌口，部分族人返回南畔村（村落已不存在，今属沙井街道衙边社区）。

十世祖陈弇，陈凤之子，生一子：威保。

十世祖陈纬，陈鸾次子，生三子：长子瓒，次子玠，三子玓。

十世祖陈姃，陈鸾三子，迁往桥头。

十世祖陈绍，陈鸾四子。娶蔡氏。

十世祖陈绶，陈鸾五子。娶冼氏。

十世祖陈缘，陈鸾六子。娶许氏，生一子：用恩。

十一世祖陈威保，陈弇之子。此支无后，失传。

十一世祖陈瓒，字蓉轩，陈纬长子，娶张氏、叶氏，生一子：凤岗。

十一世祖陈玠，字德辉，陈纬次子，娶樊氏、袁氏，生三子：长子淡乐，次子白，三子柳塘。

十一世祖陈玓，无子。

十二世祖陈凤岗，陈瓒之子，娶钟氏，生七子：长子樸，次子模、三子杆，四子校，五子植，六子梓，七子杭。

十三世祖陈梓，字念岗，陈凤岗六子，生五子：长子光丽，次子迎阳，三子冠阳，四子和阳，五子文阳。

二房

四世祖陈受子，官至御史，娶曾氏，生四子：长子瑞可、次子九处、三子志可、四子纯可。分为四纪，皆永其世，故子孙尤盛。

第一纪

五世祖陈瑞可,字迎阳,陈受子长子,娶曾氏,生二子:长子良珂,次子原震。

六世祖陈良珂,陈瑞可长子,娶文氏,传至五世而绝。

六世祖陈原震,陈瑞可次子,生五子:长子尧则,次子尧文,三子尧咨,四子尧夔,五子尧道。

七世祖陈尧则,陈原震长子,无子而绝。

七世祖陈尧文,陈原震次子,过继给长房的季良。

七世祖陈尧咨,陈原震三子,迁云南、贵州。

七世祖陈尧夔,陈原震四子,生一子:用威。

七世祖陈尧道,陈原震五子,迁周家村。

八世祖陈用威,生三子:长子通道,次子暹遇,三子逵通。

九世祖陈通道,陈用威长子,娶曾氏,生一子:懒夫。

九世祖陈暹遇,陈用威次子,迁往鹃闻。

九世祖陈逵通,陈用威三子,迁往香山。

今之所传的子孙都为陈尧夔、陈尧道的后代。

第二纪

五世祖陈九处,陈受子次子,生三子:长子敬德,次子志德,三子广德。

六世祖陈敬德,陈九处长子,居住在灶下(今福永桥头)。

六世祖陈志德,陈九处次子,传至九世而绝。

六世祖陈广德,陈九处三子,娶文氏,生四子:长子宗祐,次子宗顺,三子佛祐,四子宗传。

七世祖陈宗祐，陈广德长子，于旧祠堂侧居（今辛养村）。

七世祖陈宗顺，陈广德次子，迁居渡溪（今塱岗村），最为繁盛。

七世祖陈佛祐，陈广德三子，子孙迁居罗定州，后迁花县西覆乡。

七世祖陈宗传，陈广德四子，子孙迁居平山。

第三纪

五世祖陈志可，陈受子三子，生二子：长子元亨，次子元贞。后代逐渐衰落。

六世祖陈元亨，陈志可长子，居住在塔子前。

六世祖陈元贞，陈志可次子，居住在后亭。

第四纪

五世祖陈纯可，陈受子四子，生四子，迁居石桥头（东莞太平南沙厦）。

三房

陈莱子传至六世而绝。

[人物]

陈梦龙（？—1279 年），字五斋，南宋大坭都江心村（今广东省汕头市潮阳区田心村）人。少有大志，讲求气节。南宋开庆元年（1259 年）考中进士，任湖北石首县主簿。曾向朝廷陈奏改革州府司法的建议。职间，元兵逼境，在御敌问题上，与守将意见不合，弃官归家闲居。景炎元年（1276 年）九月，元军进攻福建，宋帝赵昰及卫王赵昺等逃上海船，传檄召集各地义兵勤王。陈梦龙献出全部家财作为粮饷，募集数百壮士前往救援。他奉命收编潮州一带各种地方武装，但遭到巨盗刘兴及陈懿（宋都统，后叛变降元）兄弟五人（称五虎）的抗拒。遂与众乡绅敦请少保文天祥率兵至潮阳制服抗拒者，再招抚余众。祥兴元年（1278年）十一月，文天祥于和平斩刘兴，攻打陈懿。陈懿逃走，充当元军都统张弘范的向导，引元兵抄捷径突袭已移师海丰城北五坡岭的文天祥部。文天祥不幸被俘。祥兴二年（1279年）正月初六日，陈梦龙为救文天祥，伏兵于海口，伺机截劫，抢救不遂，战死于古堤上。

陈隽蕙，字仲之，衙边人。清顺治十一年（1654年）甲午科举人，以《诗经》中式。顺治十八年（1661年）辛丑科会试，登马世俊榜第二甲，赐进士出身，授河南卫辉府汲县知县。虽然该县的土地盐碱贫瘠，但"蕙洁己爱民，深仁厚泽，口碑载道"，离任时"行李萧然"，同僚和百姓都争着筹钱给他当路费。他的性格洒脱不羁，轻财好施，重友情，喜欢交布衣朋友。康熙迁界之时，他正候选于家。他的家乡村民以盐业为生，失去盐田将无以生存。看到百姓失业，他恻然不忍，就率村中父老，恳求迁界当局给一条活路。当局同意设立归德场口子，村民凭官府颁发的灶丁腰牌，就能出界晒盐煎盐，因此救活一村之民。

陈景芳，字岭光，衙边人，陈隽蕙之裔孙。年少聪敏，学识渊博。新安县学宫一向为僧人盘踞，他毅然挺身而出，将僧人赶出学宫。清乾隆六年（1741年）辛酉中举，乾隆十三年（1748年）戊辰科进士。其生平接物，虚己待人，和平敦厚，中了进士后，更加谦谨。论者谓其礼教渊源有自来。未仕而卒。

陈桂籍（1856—？），字月樵，辛养人，进士出身，官至户部主事，第二次鸦片战争期间曾主持新安县的抗英斗争。他奉两广总督叶名琛之命，对英军的后方基地香港采取灵活多样的行动，使港督包令及英军大伤脑筋，不得不撤出广州，退回香港。因广州失陷和叶名琛被俘，陈桂籍率领新安练勇，协助广东团练总局在广州抗击英军，取得三宝圩之战的胜利，使英军闻风丧胆。陈桂籍还率练勇协助新安知县王寿仁，将英军赶出南头城。

陈梅生（生卒年不详），祖籍沙井壆岗。原旅居高棉大埠，16岁时奋发攻读法文，白天工作夜晚学习，四年学成。他从事建筑业，曾为当地政府机关的督造官。后到越南，见迪埠教育落后，深以为忧，组织珠江学校，教育华侨子弟。平生热心公益慈善，设阅书报社，被各帮华侨公推为华侨经济联合会主席。1925年国民党改组时，倡设党分部于迪埠。1931年当选为安南（今越南）总支部代表，出席国民党第四次全国代表大会。

陈宏章（1905—1996年），衙边人。1927年考入黄埔军官学校，毕业后参加北伐军，曾任少将炮兵旅长，参加过中日长沙大战。1949年担任广东省东宝惠总队长，驻军南头城。1949年前后，他在共产党的影响下，率领部队向共产党投诚起义。之后回乡定居，被辛衙小学聘请为代理校长。土改时被捕入狱。出狱后，被安排在广东省参事室任参事，一直定居广州。1996年病逝。

陈荣根（1907—2001年），衙边人。从父辈开始定居香港，历任香港永安盛船厂、步升鞋业公司董事长，兼营房地产，拥有一定的资产。20世纪80年代，陈荣根及夫人区碧茵有感于改革开放的政策，积极投身家乡的公益事业，主动向当时东风乡的大队干部提出在家乡兴建一所规模较大、设备较完整的新式学校。1982 年，兴建荣根学校，1983 年 6 月建成，设有幼儿学前、小学、初中和职业高中 25 个教学班。自 1981 年以来，陈荣根、区碧茵伉俪先后捐资达 5000 多万元港币。1994 年，陈荣根被授予"深圳市荣誉市民"称号。

陈嘉言（1933—1982 年），衙边人。1959 年毕业于中山大学物理系，留校历任技术物理教研室副主任、基础物理教研室副主任、引力物理研究室副主任，并兼任广东省计量与精密测量学会理事。20世纪 60 年代初，担任基础物理实验室的负责人，在十分困难的条件下，建立了多个实验室，包括普通物理实验室（力学实验室、电磁学实验室、光学实验室）、无线电实验室（电子学实验室）和中级物理实验室（现代物理实验室），改变了过去物理教学中偏重于理论教学的倾向。"文化大革命"期间，被打入"牛棚"。20 世纪 70年代初复课时，他带领大家迅速把实验室恢复和发展起来。1973 年开始，他转向引力波探测研究，建立引力物理研究室。引力波是对爱因斯坦广义相对论的一个重要检验，是一项意义重大、十分困难的物理学基础研究，世界上不少有先进装备的实验室对此进行了多年的研究，但堡垒仍攻克不下来。陈嘉言勇敢地承担这一任务，他说："引力波探测是很困难的，也许我一辈子都探测不到引力波，但我愿做一粒沙子，为后人铺路。"1978 年，引力波专用实验室建成，并在广州主办了"中国引力与相对论天体物理学术讨论会"，为学会的成立奠定了基础；1979 年，与中国科学院物理所合作，在北京建成我国第一座室温引力波天线模型；1979 年当选为中国引力与相对论天体物理学会副理事长。由于在引力波研究方面的贡献，被聘为第二届国际格罗斯曼会议顾问委员。该会议在意大利的海滨城市特里亚斯特召开，中国派出以周培源教授为首的科学代表团参加，陈嘉言应邀在大会上做题为《北京—广州引力波探测进展》的学术报告，与会代表对中国的引力波研究由衷称赞。1980 年，代表学会出席中国科学技术协会第二次全国代表大会；1981 年，一座天线重达两吨的大型引力波探测器在广州建立起来，陈嘉言应邀到澳大利亚做学术访问，走上了与国际引力波研究组织合作的道路。1982 年第三届国际格罗斯曼会议在中国召开，陈嘉言当选为会议组织委员会成员。1982 年 4 月 9 日，他不幸因公牺牲。周培源在亲笔唁函中说："陈嘉言是中国物理学界的骄傲。"

[祠堂]

陈氏大宗祠位于深圳市宝安区沙井街道辛养社区，始建于清朝，重建于 2007 年，现仍做宗祠使用，为宝安区第四批不可移动文物点。宗祠坐西向东，为三开间三进两天井布局，面阔 12.7 米，进深 42.45 米，占地面积约 540 平方米。砖木石结构，清水砖墙，石墙基、墙角。前堂面明间为红砂岩墙体。开凹斗式门，门额石匾书"陈氏大宗祠"，两旁对联书"朝凤岭跨凤岗秀毓凤毛远绍千秋凤卜，宅龙津环龙穴祥征龙耳宠叨五色龙章"。大门两侧有塾台、石檐柱、石月梁、狮形柁墩。檐下有彩绘。木雕封檐板。前后天井两侧有廊房。石金柱，穿斗式与抬梁式混合梁架。前堂挂"户部主事"匾，落款"咸丰元年，臣陈桂籍恭承"。中堂挂"贡生"匾，落款"乾隆五十四年己酉拔贡,臣陈嵩龄恭承"。堂号原为寿松堂。陈桂籍为咸丰进士,皇帝赐"雍睦堂"牌匾。"雍睦"有家人团结、和谐之意。语出南朝徐陵《晋陵太守王励德政碑》:"家门雍睦,孝友为风,上交不谄,下交不渎。"

[祖墓]

陈宋恩是背着陈梦龙的遗骸来到归德的,他将父亲安葬在今新桥白沙(高速公路入口处),坟茔建成后曾多次修缮,现存建筑保存了清代墓葬形制。20世纪八九十年代又重修,在三合土层上覆盖水泥表层。墓葬由用三合土夯筑的墓墙、护墙、冥堂、祭台、拜台等组成。冥堂部分为圆形,最外端为半圆形拜台。墓墙顺砖平砌,覆三合土层。2000年被评为文物保护单位。

新桥曾氏

新桥在深圳市西北部、宝安区北部。地处水陆交通要冲，东接黄松岗（今松岗）、乌石岩（今石岩）诸路，西连云林（今沙井荣根学校东面）、茅洲诸墟，历来是宝安西部物资集散地。新桥是一个老村落，明代初年归德盐场曾在这里设新桥社，是归德盐场十三社之一。至清初，居民以盐业为生，清代康熙年以后盐田荒废，转以种田为主。曾仕贵在此落籍已有 800 余年，繁衍至今 34 代，后裔枝繁叶茂、人才辈出，并不断地向四周繁衍，分散于新二、上星、上寮、黄埔、玉律、长圳、塘家村、浪心村、东莞麻涌螺村以及化州、茂名等地。

[溯源]

曾氏的老祖宗可以追溯到曾子（前 505—前 435 年）。曾子名参，字子舆，春秋末年鲁国南武城（今山东嘉祥县）人。出身于没落贵族家庭，少年就参加农业劳动，后师从孔子，是孔子的七十二个弟子之一。他勤奋好学，颇得孔子真传，终其一生以"事亲至孝，悟圣道一贯之旨"，而被后世尊称为"宗圣"。相传"四书五经"这几部明清时期钦定统编教材中的《大学》一书就是曾子及其门人编著的。该书大谈格物、致知、诚意、正心、修身、齐家、治国、平天下的道理，由于理学家朱熹的推崇，成为南宋以后理学家们讲伦理、政治、哲学的基本纲领，也是科举取士的必读教科书之一。曾子是孔子学说的主要继承人和传播者，在儒家文化中具有承上启下的重要地位。曾氏家族更是将《大学》作为优良家风的标杆来看待。

据《新桥曾氏宗谱》记载，唐代圣历年间，金紫光禄大夫、检校太子宾客散骑、国子监祭酒（从四品）曾蜒迁居江西赣州西门，生了五个儿子。第四子曾中美，字宗理，朝议大夫，分居南雄保昌，成为广东曾氏的始祖。曾中美生四子：长子曾骧，后派分小龙、新桥；次子曾驭，传三世有曾志大，分居新安东山、塘下；三子曾驯，传至五代孙曾耕莘时，自南雄珠玑巷迁往新会县朝居岭、番禺县曾边；四子曾骖，分居始兴、新会。由此可见，新桥曾氏是曾中美长子曾骧一支，而东塘曾氏是曾中美次子曾驭的一支。

南宋建炎三年（1129 年），金兵分两路南下，所到之处，疯狂烧杀掳掠，居民纷纷逃避。金兵的马蹄直踏到吉州（今江西吉安）和潭州（今湖南长沙），大批的难民翻过大庾岭。金兵要打过来的消息在早已安居乐业的南雄珠玑巷的村头村尾不安地传递着。每天都有人家扶老挈幼起程南行，都想尽快离开，摆脱战火烧身的厄运。在逃难的人群里，有一对兄弟曾仕行和曾仕贵，他们是曾骧五世孙。他们先到羊城，由于没有找到一块容身之地，决定分头行动。分手时，他们将一块猪腰石砸开，每人拿一半，作为后人相认的凭证。曾仕行卜居番禺小龙乡，曾仕贵始居东莞县前，再徙归德场。猪腰石原放在曾氏大宗祠的神座中，据看见过的人讲，闪烁有光，和五羊石一样。后人赋源流诗以作怀念：源自少康数百秋，子舆得道永贻谋。内侯避乱因王莽，光禄迁徙到赣州。搜匿皇妃戈盾起，奔驰交广兄弟愁。羊城剖石分南北，花萼联辉灿斗牛。

始祖曾仕贵，字明葵，号逢龙、三十三郎。朝议大夫。娶李氏，生一子：曾奇。

二世祖曾奇，曾仕贵之子，字瑞伯。东莞陆里统领将军。娶张氏，生一子：曾均。

三世祖曾均，曾奇之子，字介平。娶伍氏，生五子：长子严光，次子严英，三子严叔，四子严良，五子严颖。

四世祖曾严光，曾均长子，生一子：南斗。

四世祖曾严英，曾均次子，生一子：必达。

四世祖曾严叔，曾均三子。娶何氏，生二子：长子应南，次子应斗。

四世祖曾严良，曾均四子，生一子：斗祥。斗祥生二子：长子子忠，次子子期，迁徙惠州。

四世祖曾严颖，曾均五子，生一子：兆祥。迁徙惠州。

五世祖曾南斗，曾严光之子，生一子：梦甲。

五世祖曾必达，曾严英之子，生三子：长子国珍，次子国瑞，三子国英。

五世祖曾应南，曾严叔长子。娶陈氏，生四子：长子宋璋，次子元俊，三子元伟，四子元杰。

五世祖曾应斗，曾严叔次子。娶潘氏，生一子：岳秀。

一对兄弟曾仕行和曾仕贵，在逃难时，决定分头行动。他们将一块猪腰石砸开，每人拿一半，作为后人相认的凭证。

六世祖曾梦甲，曾南斗之子，生二子：长子应卯，次子应祥。

六世祖曾岳秀，曾应斗之子。娶陈氏，生二子：长子康寿，次子益孙。

七世祖曾康寿，曾岳秀长子。娶邓氏，生二子：长子允卿，次子珍卿。

八世祖曾珍卿，曾康寿次子。娶何氏，生一子：维鲁。

九世祖曾维鲁，曾珍卿之子，明威将军、南京卫指挥。娶翟氏，生一子：曾敬。

十世祖曾敬，曾维鲁之子。娶王氏，生一子：谦。

十一世祖曾谦，曾敬之子，广东司橡吏。娶翟氏，生五子：长子熙祖，迁惠州坭桥；次子熙宗，居新桥大庙坊；三子熙积，居龙头村；四子熙德，居上寮坊，为上寮村始祖；五子熙有，去向不明。

十二世祖曾熙积（1432—1465年），曾谦三子。娶文氏，生四子：长子长寿，次子癸保，三子成厚，四子道贯。

十三世祖曾长寿（1460—1532年），号福山，曾熙积长子。娶冼氏，生三子：长子应华（德荣），次子应富（德贵），三子应扬（德富）。

十四世祖曾应华（1487—1560年），字德荣，号翠松，曾长寿长子，配归德木莲塘陈石岗姊，生七子：长子守仁（孔泽），次子守义（孔芳），三子守礼（孔谦），四子守智（明可），五子守恭（逊可），六子守敬（寅可），七子守权（孔宜）。这就是新桥曾氏的七房。守仁、守智、守恭、守敬在新桥，为新桥乡始祖；守义（孔芳）在上星，为龙头村始祖；守礼（孔谦）、守权（孔宜）在新桥壆边，是三房、七房始祖。

十四世祖曾应富（德贵），迁居公明，为玉律村始祖。

[人物]

曾卢桐（1619—1647年），字炎卿，新桥人，院试第一名，被誉为"文庠冠军"。与东莞翰林张家玉为同窗好友，参加张家玉军抗清斗争。东莞抗清失败，曾卢桐和张家玉一起逃到西乡，得到了陈文豹的拥戴，收复了南头城。清顺治四年（1647年）四月，西乡遭到清军的围攻，百姓上阵助战，大胜清军。两个月后清军攻陷南头城，乘势又围剿西乡，张家玉和陈文豹摆出"空城计"，解了西乡之围。几天后，清军卷土重来，经过两天两夜的厮杀，曾卢桐与陈文豹同时殉节，年仅28岁。

曾煜，字挹川，新桥人。领乾隆三十九年（1774年）乡荐，乾隆五十二年（1787年）以教谕借补韶州府曲江县训导，到任以振文教为己任，设帐于韶阳书院，多士宗之。历任十三年，曲邑科名鹊起，皆教泽所致。后卒于官。县令刘不晖旌其额曰"儒林宗匠"。儿子曾殿传为诸生，孙子曾澜为廪生，俱能以一经传世其家。

曾恺，字泽西，新桥人，卢桐之孙也。性喜读书，家綦贫，好学晏如也。其学则专以主静为务，尝兀坐终日无惰容，语人曰：此心实难把握，非功力既至，鲜不为所动耳。而尤以奖掖后进为念，故邑中英俊出其门者，多以庄敬自持焉。乾隆二十七年（1762年）始以廪庠领乡荐，未任而卒。

曾克齐（？—1949年），花名黑鬼齐，新桥人，旅越华侨。1902

年 12 月，孙中山遭到清政府的通缉，逃到越南，与洪门的曾克齐相识。他收孙中山为义子，将全部家产捐出，支持孙中山的革命活动。孙中山在越南建立兴中会分会，曾克齐为首批会员之一。1905 年春，孙中山将兴中会改组为同盟会。1907 年，曾克齐介绍在新加坡的李福林参加了同盟会，并收其为义子。1912 年，随孙中山进京。1912年 8 月 7 日，同盟会参与改组称为国民党，曾克齐为评议部评议员。20世纪 30 年代任宝太公路顾问，据说宝太公路原设计经石岩到深圳，他建议修建松岗经沙井到南头的路段。1949 年拒绝去台湾，在香港饿死。

曾劲夫（1895—1966 年），南洞（今属黄埔社区）人。早年留学日本。回国后，在广东韶关参加抗日救亡工作。1943 年，参加了东宝游击区工作，任宝二区联乡主任。1945 年东宝行政督导处创办东宝中学，任副校长。东宝中学停办后，撤到香港，任新华南通讯社、南中通讯社社长。1948 年加入中国共产党。后任东宝游击区东宝支队政委。1949 年 8 月至 1950 年 3 月任宝安县副县长。1956 年以后，任华南师范学院、广州哲学社会科学研究所、暨南大学教授。1966 年4 月 3 日在广州病逝，享年 71 岁。

曾冠民（1919—2008 年），新二村人。13 岁到广州，插读小学三年级。"七七事变"后，他联络一批中学生组织成立广州少年抗日先锋队，任作战工作部部长。1938 年 3 月入伍，6 月入党。抗日战争时期，他历任晋察冀军区第四军分区第八大队参谋，第四军分区五团参谋、连长，冀热辽军区第十四军分区司令部作战教育股股长、热河军区十三团团长等职，参加了百团大战和攻打娘子关、盂县、西打、平山等战斗。解放战争时期，历任冀热辽军区十三旅三十七团副团长，东北野战军第八纵队二十二师六十四团团长，东北野战军四十五军一三三师三九七团团长、军司令部参谋等职，参加了围场、宁城、北票、杨仗子、平定堡、新立屯、辽沈、平津、衡宝等战役。1949年后，历任越南人民军顾问，广西军区钦廉军分区副参谋长，空军航空兵第24师参谋长、副师长，空军向塘基地主任，空军第八军副参谋长、参谋长、副军长，空军漳州指挥所政治委员等职。1980年，进入中央党校学习，后任福州军区空军顾问（副兵团职），1987年离休。曾冠民1955年被授予大校军衔，曾荣获二级独立自由勋章、二级解放勋章和独立功勋荣誉章。

曾金泰（1927—1999年），新桥人，贫农出身，积极投身土改运动，任村农会会长，土改后任新桥乡乡长。最先在本村组织互助组进行生产劳动，并于1953年冬创办宝安县第一个初级农业生产合作社——新桥农业生产合作社，被选为社长。1954年当选宝安县第一届人民代表大会代表，被选为主席团成员，并当选广东省第一届人民代表大会代表。1954年10月任宝安县第四区（后改为上南区）人民政府副区长。1955年新桥农业生产合作社被评为广东省模范合作社，他被评为广东省农业劳动模范，出席省劳动模范大会。1958年10月至1961年5月先后担任超美人民公社和沙井人民公社副社长。1963年6月任沙井人民公社生产干事。1980年10月任沙井公社林畜助理员。1987年退休。1999年病逝。

曾创田（1947—1999年），上寮人。1965年至1968年在宝安县劳动大学读农科，毕业为中专学历。毕业后在家务农。1969年

2月加入中国共产党，后任沙井上星大队副书记、书记。1979年8月至1983年5月在松岗区委及沙井公社任职工。1983年在沙井公社转为国家干部，先后任沙井区公所助理员、经济总公司副总经理。1991年起任沙井镇委副书记、镇长。

[祠堂]

　　曾氏大宗祠位于深圳市宝安区新桥街道新桥社区大宗祠路，建于清嘉庆年间，坐西南朝东北，五间三进，面阔21米，通深50米，占地面积1050平方米，由门楼、牌楼、中堂、后堂等组成。门楼与中堂之间为天井，天井中央建石牌楼一座。中堂前天井左右各建重檐歇山亭一座，后厅五间，进深三间。石牌楼用雕琢细腻的花岗岩砌筑。立柱前后用抱鼓石相护，横额楷书"大学家风"四个大字。左刻"大清嘉庆三年戊午初冬之吉立"，右刻"堂下孙腾光拜题，应中敬书"，小楷。两侧浮雕为袍服长须风度翩翩的人物和云鹤图案。次间左右檐额分别阳刻"体忠""行恕"。背面横匾有"片石流辉""堂下孙煜拜题""堂下孙应中敬书""型仁""讲让"等字样。祠内墙壁均有人物故事彩画，大门悬挂"曾氏大宗祠"的匾额与"天下斯文宗一贯，古今乔木第三家"对联一副。宗祠集石雕、木刻、壁画、灰塑、砖雕、瓷艺于一体。四周尚有分祠多间和观音天后古庙、桐轩书室、风水池等。1984年被列为深圳市重点文物保护单位。2007年被列为广东省文物保护单位。堂号为"大学堂"。

[祖墓]

　　新桥曾氏先祖古墓园位于深圳市宝安区新桥街道新玉路旁的象山大龙岗。墓园占地面积50多亩，完全按照古建筑风格来重修。深圳市文物部门和沙井有关部门专家经过勘察鉴定后，认为古墓群具有一定的文物价值。2006年初对墓园做出规划，2008年1月7日举行了竣工仪式。当日，仕贵公的曾氏后裔、分布在各村的160多位德高望重的曾氏长辈们举行了隆重的公祭活动。新桥曾氏祭祖分春秋两祭，春祭时间为清明节前后，秋祭时间为重阳节前后；祭拜地点远至东莞黄江，近在村里象山大龙岗的古墓群和村内的曾氏大宗祠内。

东塘曾氏

东塘村位于深圳市宝安区沙井街道。原来是两个村,一个叫东山村,另一个叫塘下村。在东塘村里,人们还可以见到一座曾氏大宗祠。这里的曾氏与新桥的曾氏同是曾子的子孙,但开基立村之祖却不相同。早在北宋天圣年间,曾志大就迁到这里来,开基立村,因而新桥曾氏一直尊东塘曾氏为大哥。

[溯源]

据清《曾氏族谱》记载,夏朝大禹五世孙少康把最小的儿子曲烈分封在鄫(今山东省兰陵县北),春秋时期鄫国被莒国所灭,鄫国的后代弃"鄫"字偏旁,以"曾"为姓。至唐圣历年间,金紫光禄大夫、检校太子宾客散骑、国子监祭酒(从四品)曾蜓迁居江西赣州,生五子。第四子曾中美,字宗理,朝议大夫,分居广东南雄,成为岭南曾氏始祖。曾中美生四子:长子曾骦,后派分番禺小龙乡和东莞县(宋时的东莞县,包括今东莞、深圳、中山、珠海、香港、澳门等地)新桥村;次子曾驭,传三世有曾志大,分居东莞东山、塘下(今沙井街道东塘村）；三子曾驯，分居新会、番禺两地；四子曾骖，分居始兴、新会。由此可见，新桥曾氏与番禺小龙乡曾氏是曾中美长子曾骦后裔，而东塘曾氏是曾中美次子曾驭后裔。

始祖曾志大，字凌云，号龙田，配李氏君、武氏念，任三十校尉，授光禄大夫，北宋天圣九年（1031年）自南雄迁居新安归德（今沙井）。

二世祖曾文忠，字匡甫，曾志大长子。配萧氏，生二子：长子河，次子汤。

二世祖曾文惠，字仁甫，曾志大次子，好星历，堪舆尤精，悦罗田（今松岗）风土，因卜居焉。生一子：实。

三世祖曾河，字远之，曾文忠长子。配赵氏，生一子：士义。

三世祖曾汤，字沸之，曾文忠次子。娶郑氏，生一子：士廉。

三世祖曾实，曾文惠之子，生一子：宋珍。

四世祖曾士义，字公宜，曾河之子，秉性宽厚，即使人家冒犯了他，也毫不计较，轻财重义，深受大家的敬佩。配陈氏，生一子二女。独子震祖；长女嫁给乌沙的李氏，次女则许配沙井陈氏，都是大户人家。

四世祖曾士廉，字公养，曾汤之子。娶邓氏，号邓院君，舍田百亩于云溪寺。

四世祖曾宋珍，曾实之子。

五世祖曾震祖，字烈可，曾士义之子。娶黄氏，生一子：梦甲。

六世祖曾梦甲，字汝科，号草庭，曾震祖之子，任七致政，授儒林郎。娶卢氏、文氏，生三子：长子清手，次子达手，三子贤手。

七世祖曾清手，字绍澄，号葛天，曾梦甲长子，十府金事，授中宪大夫，性谨厚，多才略，为上司器重，后因父母年事已高辞官回乡。双亲见背后，晦迹林泉，萧然自足，率乡人创建祠堂庙宇，娶谢氏、温氏，为塘下分房之祖。

七世祖曾达手，字绍通，号达天，曾梦甲次子，任大使事，授奉政大夫，娶王氏，为东山分房之祖。

七世祖曾贤手，曾梦甲三子，其后迁居，不知所往。

十世祖曾柏山，名契养，字辅成。娶张氏、王氏，生三子：长子乐天，次子从之，三子贯道。

十一世祖曾乐天，字攸盛，曾柏山长子，娶文氏，为上街分房之祖。

十一世祖曾从之，字攸中，曾柏山次子，娶张氏、黄氏，为下街分房之祖。

十一世祖曾贯道，字攸一，曾柏山三子，娶文氏、蔡氏，生五子，父子俱迁东莞油滘。

十五世祖曾存菊成为曾祐分房之祖。

清康熙元年（1662 年）迁海时，东塘也在迁移的范围，损失很大。曾焕的子女失散，不知去向，有人说在东莞长平，结果还是没有找到。曾文生和母亲戴氏，带着幼弟文兴、文会、文友一道逃难，全靠文生扶养，才得以渡过难关。

到了清末，由于人多地少，开始有人到外地去做生意。如十五世曾纲大，又名体巽，号焕亭，族谱里称他"足涉遐方，算无遗策，识有余长，萦情商贾"。曾德隆，又名锦堂，字灿南，配妻刘氏，远到四川做生意，死在大竹县。

[人物]

曾宋珍，字公聘，号罗溪，曾实的儿子。宋淳祐九年（1249年）贡士，咸淳十年（1274年）登王龙泽榜第五甲进士，授迪功郎，循州龙川县尉。他常到东塘来祭祖，当得知邓院君舍田云溪寺的事情后，写下《云溪寺舍田祠记》，刻石立于寺里，文章后来被收入《东莞县志》。

曾伯由，为人卓荦慷慨，乡人信服。元朝末年，政治极端腐败，民族矛盾日益尖锐。至正十一年（1351年）爆发红巾军起义，岭南各地豪强纷纷打出举义兵灭元的旗号，曾伯由也率乡兵占领归德盐场。当何真的义军来时，曾伯由归顺何真，使沙井一带地区免遭战火。

曾柏山，名契养，字辅成，东塘曾氏十世祖。他极其重视对子弟的教育，亲自制订了奖励科举的条例："童生入院试，每案卷资银五钱正；生员、贡监入科，每科银一两正；进庠，花红银二两正，金花绸在外，另报喜钱三百文；恩拔岁副，花红银四两正，扁（匾）金在内，树桅接贡，烧猪酒席，系众办理；中举，花红银八两正，扁（匾）金在外，京费银八两，树桅接贡，烧猪酒席，概众办；重宴谒祖，得花红一半……"

曾若兰，字瑶重，别字醉川，东塘曾氏二十四世祖。三十八岁入广州府庠生，嘉庆戊辰恩科钦赐副榜。他一生笃学，矢志不渝，临事不苟，处世平和，被誉为楷模，轮值族长。

曾邦富，字国荣，名耀帮，号弼卿，书名大业，东塘曾氏二十八世祖。他带壮勇前往台湾，赏六品顶戴。在省城广州娶妻孔氏，无子。后来到安南（今越南）做生意，娶妻武氏、副室潘氏，生有一子。

[祠堂]

曾氏大宗祠位于深圳市宝安区沙井街道东塘社区，始建于清，重建于2012年，占地面积800平方米。该宗祠为三开间三进两天井，砖木石结构，清水砖外墙，硬山式两面坡，灰瓦敷面。大门对联为：天下斯文宗一贯，古今乔木第三家。堂号为"三省堂"。语出《论语·学而》："吾日三省吾身：为人谋而不忠乎？与朋友交而不信乎？传不习乎？"意思是要严格要求自己，做个正直善良、淳厚洁朴，且有知识、有修养的人。"三省吾身"闪烁着民族文化的光芒。继承践行这条古训，至今仍有广泛的社会意义。据说，"宗圣"曾子的第十五代孙曾据最早将"三省"作为家风和门榜。

步涌江氏

　　步涌位于深圳市宝安区沙井街道北部，东面是后亭社区，西面是共和社区，南面是衙边社区，属于古沙井沙洲的北头。沙井的北面原是茅洲河入海口的海湾，当地人叫它"北海"。步涌村地处北海通往合澜海的要冲。"步"在粤语中与"埠"字义相通，是"码头"的意思，这里在古代是渔船和盐船的避风港。现在还有一个步涌码头。步涌是一个老村落，以江姓为主，清康熙《新安县志》记载的村名为大步涌。明代初年归德盐场曾在这里设大步涌社，是归德盐场十三社之一。明至清初，居民以盐业为生，清代康熙以后盐田荒废，转以种田为主、养蚝为辅。

[溯源]

　　据《步涌村江氏族谱》记载，江氏出自嬴姓，为颛顼裔伯益之后。伯益因辅佐大禹治水有功，舜帝时获赐嬴姓。伯益的三子恩成，为掌管刑狱的大理官。其后人江济因扶助武王伐纣有功，封爵东京。周成王十五年，其后裔受封于江（今湖北江陵）。

　　江革（36—约100年），字次翁，东汉临淄人。他以事母至孝，被乡里称为"江巨孝"。明帝时，举孝廉为郎，辅楚国太仆，不久即自劾去。章帝初，复举贤良方正，任五官中郎将，京师贵戚重其行，甚礼遇之，江革皆辞谢不受。江革所生三子同朝为官，以其巨孝的家声和显赫地位赢得族人敬重，后来被尊为济阳江氏一世始祖，而江革以前的七十代则被称为"江氏远祖"。

　　晋永嘉年间，我国西北地区的少数民族入主中原，北方士族为避战火而纷纷南逃。世居陈留圉城和济阳考城一带的江姓大族也多随晋室南渡。其中江蕤的后代江彪、江惇兄弟，由考城南下渡江，后居于会稽。族人及后代遍布江南各地，在南朝各代均有高官显贵，涌现出江夷、江湛、江淹、江总等著名人物。因为他们的祖籍都是济阳考城，故称"济阳江氏"。

　　五代南唐时，江文蔚迁到福建建安（今福建省建瓯）。据史料记载，江文蔚本系中原文士，与韩熙载同具盛名。熙载奔唐，江文蔚亦被安从荣叛党所累，被勒归田里。江文蔚奔吴，徐知诰厚礼之。唐主喜其能文，令充谏职。长兴三年（932年）卢华榜进士，任礼部侍郎。

　　江涵翁被步涌江氏奉为太祖，景炎三年（1278年）被简选为惠州郡宰。当时宋元战争还未结束，两军在岭海对垒，到处兵荒马乱，江涵翁一直留居在惠州城里。江涵翁有五个儿子，为了防止不测，他叫老大和老二到外地去自寻出路，其他孩子年纪尚幼，留在身边。

　　江建逸，江涵翁的次子，生于南宋末，死于元初。他按照父亲的要求，逃到东莞，生一子江褛。江建逸被步涌江氏尊为少祖。

　　江褛（1298—1351年），江建逸之子，少失怙恃。娶叶氏，生二子：长子秉勖，次子善勖。

步涌江氏始祖江自强（1328—1396 年），字得道，号秉勖，是江褓的长子。娶许氏，生一子：江济。

二世祖江济（1351—1423 年），字履享，号洪涉。娶王氏，生一子：纳流。

三世祖江纳流（1373—1447 年），字遇贞，号百川。建文二年（1400 年）职授盐使司。他是步涌江氏真正的立村之祖。原配彭氏，生二子：长子江东，次子江成道；侧室冯氏，生一子：江潮；侧室周氏，生四子：四子江澄，五子江浩，六子江洋，七子江溶。

四世祖江东（1396—1451 年），字宗阳，江纳流长子。性质清和，与物无忤，待人无异，俱得其欢心，克光前业，垂裕后昆，不是庸庸碌碌之辈。娶文氏，生四子四女：长子江清，次子江广，三子江渊，四子江满。四个女儿分别嫁当地的冼家、黄家、曾家和樊家。

四世祖江成道，字朝阳，江纳流次子，早夭无子。过继江东的次子江广。

四世祖江潮，字起阳，江纳流三子，无子。过继江东的三子江渊。

四世祖江澄，字叙阳，江纳流四子。娶陈氏，无子。过继江东的四子江满。

四世祖江浩， 字瑞阳，江纳流五子。

四世祖江洋，字洁阳，江纳流六子，迁居东莞白滕滘（今属广东省佛山市顺德区）。

四世祖江溶，字瀚阳，江纳流七子。生一子：灵甫。江灵甫，生二子：长子江润，字振左；次子江源洁，字振右。

　　五世祖江清（1418—1474年），字原性，江东长子。蓄长须，仪表伟岸，务学富才，气节自高。天顺五年（1461年），岁歉民饥，东莞知县吴中多方赈恤。江清捐资以助赈恤。吴知县想举荐他为乡饮介宾。乡饮是古代嘉礼之一。周制，乡饮酒礼，举乡里处士之贤者为"宾"，次为"介"，又次为"众宾"。被选为乡饮介宾，每年都要参加县里举行的乡饮宴，是无上的荣光，他却谦虚地推辞了，更为知县所眷爱。生四子：长子江达，次子江通，三子江暹，四子江远。终年四十岁。

　　五世祖江广，字原冈，江东次子。过继给江成道为嗣，娶杨氏，生七子：长子江环，次子江璇，三子江瑶，四子江玮，五子江玑，六子江珠，七子江瑸。

　　五世祖江渊，字原生，江东三子。过继给江潮为嗣，娶梁氏，生三子二女：长子江源，次子江深，三子江澜。女儿分别嫁给赵家、蔡家。

　　五世祖江满，字原长，江东四子。过继给江澄为嗣，娶陈氏，生一子：江演。江满死后，陈氏带着儿子江演改嫁到官田（今属深圳石岩街道）的何家。

　　六世祖江达（1439—1495年），字本顺，号梅庄，江清长子。生而慷慨，见义勇为，克遵先人之训，恢拓祖基。葬于阳台山坭岗。娶衙边乡的陈氏为妻，生四子一女：长子万岐，次子万顷，三子万里，四子万舟。女儿嫁到深圳福永岭下（凤凰村）文家。

　　六世祖江源洁，字振右，江灵甫次子，天顺三年（1459年）己卯科乡试中举，任江西省南安府知县。

　　步涌江氏六世祖有梅庄公江达、静菴公江环、春圃公江源、铭先公江演。这就是步涌后来的四大房之祖。

[人物]

江纳流，江西省临江府新干县人，明代初期，迁到归德（今属深圳市沙井），成为步涌村真正的开村始祖。明建文二年（1400年），江纳流被授予盐使司的官职，到广东的盐场就任。干了数年，他的人品和工作能力都得到上级的肯定。在上级为了奖励他准备提拔他时，却辞职不干了。那时世道混乱不堪，江纳流在附近的归德场找了一块空地定居下来。由于做了数年的盐官，江纳流有一定的积蓄，买进七顷多田塘，建起数十间房屋，成了当地较为殷实的大户人家。他还按照老规矩建起了祠堂。江纳流生了七个儿子：江东、江成道、江潮、江澄、江浩、江洋、江溶。儿子多了，香火承续不愁，但矛盾也多了，兄弟阋墙的事时有发生。江纳流将江氏大宗祠的堂号取名为"敦睦堂"，就是希望后人能亲厚和睦。为此，他还留下一篇遗训："纳流公致仕，才创田塘七顷有余，住居数十间，略成业也。吾忖年逾六十有余，倘防风烛，夫妻议将前田分拨。……子子孙孙耳闻心记，以作古古今今立，分单各执，永远为照。"江纳流与当时的名士、邓家蓢村（今万丰村）潘辕交谊不错。他将孙女许配给潘辕的长孙潘楫，生下三个儿子，他们就是以后名扬宝安的潘甲第、潘甲科、潘甲榜。与潘氏的联姻，大大加强了江氏在归德地区（今沙井、松岗、福永一带）的影响。

江振湍（1490—1570 年），又名江振沛，字性之，号阳峰。他生平刚直，好文学、善诗词，据《新安邑志》记载："江振湍，父早丧，事母极孝，博通经传，放怀山水。家近云溪寺，日往憩焉。尝赋《磜海谣》，人传诵之。"明清两代，这首反映盐民生活的《磜海谣》在岭南的盐民中广为流传，一共三十六句，首四句为："遐陬赤子难衣食，砍山煮海劳筋力。煎熬辛苦无奈何，徒思出作而入息。"这首歌谣后来被收入县志。娶洪田冼氏，生了两个儿子：明悦、明学。他活到八十岁，九乡通约赐予他"冠带寿官"的名号，这是平头百姓能得到的最高荣誉。夫妇合葬在燕村的红花围。

江士元，字参宋，清乾隆十七年（1752年）壬申恩科，以《尚书》中举，乾隆十九年（1754年）甲戌科庄培因榜第二甲进士。庄培因榜被称为"名榜"，该科的榜眼王鸣盛后来成为考据大师；二甲四名纪昀成为大学问家；二甲第四十名钱大昕为一代汉学宗师。江士元洒脱豪放，卓异不凡，过目成诵，他的制艺（八股文）尤其雄浑，有古文大家风格。在广州粤秀书院（今越秀区北京路越秀书院街）读书时，岭南的知名人士都十分敬重他的人品，其文章一出来就为人所传诵，可惜他还未入仕就去世了。

江逢辰（1859—1900年），字雨人，又字孝通，号密庵、密盦。曾学于丰湖书院、广雅书院。受梁鼎芬举荐，为清末名臣张之洞的幕僚，曾任教于湖北尊经书院。光绪十一年（1885年）中举，光绪十八年（1892年）中进士，任户部主事。光绪二十一年（1895年），任会试弥封官，掌管粤册。著有《孝通诗集》《孤桐词》和《华鬘词》。

江恭喜，又名公喜。新安三合会的首领之一，江湖上人称"盲公喜"。1900年，孙中山发动三洲田起义，江恭喜时任中路统兵司令。武昌起义爆发后，与邓荫南、卓凤康、何玉山等分头在新安组织起义。"二次革命"失败后，被龙济光逮捕，后获释。1918 年任职于粤军许崇智部，参加援闽之役。1920 年参加粤军回师之役。1923年追随孙中山北伐，后以积劳成疾解职归农。

[祠堂]

　　江氏大宗祠位于深圳市宝安区步涌社区，面阔三间，三进深，始建年代待考，现存建筑为清代中晚期风格。第二进中堂和第三进祖堂还保持原貌。中堂和后堂皆为砖木结构，山墙和后墙里面为水磨青砖清水墙，外面是蚝壳墙。室内为抬梁式木结构梁架，木作梁架上布满精美的雕刻纹饰，梁下的圆柱用红石凿制，是岭南地区比较常见的石木结构梁架。中堂与后堂之间的庭院两侧，各有面阔三间的卷棚顶敞廊，其梁架也为抬梁式结构。在江氏宗祠周围，还有建于清代中期的宗汉公家祠、静安江公祠、关帝古庙等古建筑，与江氏宗祠一起形成了一个古建筑群落。堂号为"惇叙堂"。语出《尚书·皋陶谟》："慎厥修，身思永。惇叙九族，庶明励翼，尔可远，在兹。"

[祖墓]

　　江氏家族古墓群位于步涌村圆珠岗（今广东省深圳市北环路东源酒店前），共有四座，墓主分别是元末明初步涌江氏一世祖江自强、二世祖江洪涉夫妇、明代三世祖江纳流夫妇及清代十一世祖江昌敏夫妇。各墓按传统礼制中的昭穆制度排列，均坐东北朝西南布置。清乾隆十一年（1746 年），步涌江氏将一世祖江自强、二世祖江洪涉夫妇的墓从东腊祖茔迁葬到圆珠岗。2004 年，江氏家族古墓群迁移到大王墓园，按原状修复。墓葬曾分别于清同治元年（1862年）和20世纪80年代重修过，墓群依山岗而筑，用三合土、青砖、红砂石、花岗石等材料砌筑，采用岭南传统式样和施工工艺修筑。所有墓葬均有同治年间重修时所立的青石墓志，记载墓主名字、生平和所葬地名。

沙浦蔡氏

　　沙浦村位于松岗街道西南面，距离街道办事处约 5 千米。相邻自然村有溪头村、红星村、沙浦围村及东莞长安宵边村。该村位于沙岗、丘陵地带，村内有松毛山，海拔最高 20 米。该村北部有东宝河，南部有松岗河。沙落水由东而西，接着由北至南贯穿全村而过，汇入松岗河。宝安蔡氏族人多源自松岗沙浦村和东莞塘厦村、宵边村。西乡固戍村、香港元朗十八乡蔡屋村属松岗沙浦村蔡氏一族。

[溯源]

　　沙浦蔡氏源自东莞塘厦蔡氏。

　　一世祖蔡安，原籍福建汀州，南宋国子监助教，宋绍兴年间在南雄为官，后来又迁居东莞靖康场塘厦立村，为东莞、深圳蔡氏一世始祖。娶李氏，生二子：长子蔡颢，次子蔡欣。

　　二世祖蔡颢，蔡安长子，相传回南雄居住。

　　二世祖蔡欣，蔡安次子，世居塘厦。配戴氏，生三子：长子蔡起莘，次子蔡起岩，三子蔡起南。

三世祖蔡起莘，蔡欣长子，宋国子监助教，迪功郎。配陈氏，生四子：达道、适道、应炎、造道。后代居东莞宵边。

三世祖蔡起岩，蔡欣次子，宋国子监助教，高州主簿。配邓氏，生一子：绍道。居塘厦，其后裔分布于宝安沙井、深圳蔡屋围、东莞乌沙蔡屋等。

三世祖蔡起南，蔡欣三子。配谭氏，生一子：守道。迁居闸门头灶。后代分布香港沙田、小沥源、田心村。

四世祖蔡达道，蔡起莘长子。配侯氏，生二子：仁孙、慈孙。

四世祖蔡适道，蔡起莘次子。南宋咸淳三年（1267年）武解元。自塘厦迁居东莞宵边。配戴氏，生二子：荣孙、巳孙。

四世祖蔡应炎，蔡起莘三子。迁居莞城生羊巷。配陈氏，生一子：翊孙。

四世祖蔡造道，蔡起莘四子，无子，达道次子慈孙承嗣。

四世祖蔡绍道，蔡起岩之子，高州助教。配郑氏，生二子：元孙、日新。自塘厦迁源头（乌沙蔡屋）。

四世祖蔡守道，蔡起南之子。

五世祖蔡元孙，蔡绍道长子。娶李氏、陈氏，生四子：去病、如衍、同瘦、愈胜。

五世祖蔡日新，蔡绍道次子。配何氏，无子，元孙次子如衍承嗣。

六世祖蔡去病，蔡元孙长子。配余氏，生三子：帏义、尚礼、尚仪。

六世祖蔡如衍，蔡元孙次子，出继日新。生二子：尚德、尚仁。居东莞乌沙蔡屋村。

六世祖蔡同瘦，蔡元孙三子，又名麟，配黄氏。居石头街、海南栅竹园。

六世祖蔡愈胜，蔡元孙四子。居东莞厚街南水。

七世祖蔡帏义，蔡去病长子。早卒无后。

七世祖蔡尚礼，蔡去病次子，号文辅，指挥使。配戴氏，生三子：正道、正贤、正士。

七世祖蔡尚仪，蔡去病三子。生一子：正风。迁居高州府城，为蚝涌房。

七世祖蔡尚德，蔡如衍长子。

七世祖蔡尚仁，蔡如衍次子。

八世祖蔡正道，蔡尚礼长子，又名定。配胡氏，生一子：蔡谦。

八世祖蔡正贤，蔡尚礼次子。生二子：蔡纯、蔡纪。

八世祖蔡正士，蔡尚礼三子。配张氏，生三子：蔡綦、蔡徽、蔡绵。

八世祖蔡正风，蔡尚仪之子。

九世祖蔡谦，蔡正道之子。字奕光，邑庠生，配陈氏。

九世祖蔡纯，蔡正贤长子，居新安县后海。

九世祖蔡纪，蔡正贤次子，居住白濠、河田、厚街等地。

九世祖蔡綦，号法俊，蔡正士长子，生于元至正十五年（1355年）。明洪武元年（1368年），从东莞大井塘厦迁居沙埔围，为沙埔围开基先祖。配蒋氏，生四子：也恭、也敬、也惠、也义。继娶林氏，生三子：蔡荣、蔡华、蔡富。

九世祖蔡徽，蔡正士次子。号基俊，配林氏，生一子：谷清。迁居新安县赤磡乡（今罗湖区蔡屋围村地王大厦一带），为蔡屋围开基先祖。

▲　沙浦蔡公祠，原名富祖蔡公祠，位于沙浦二村，坐北向南，
西有蔡学元进士第，东有乐圃蔡公祠。

九世祖蔡绵，蔡正士三子。号洪俊，迁至香山县上栅乡。

十世祖蔡也恭，蔡綦长子。

十世祖蔡也敬，蔡綦次子。

十世祖蔡也惠，蔡綦三子。

十世祖蔡也义，蔡綦四子。

十世祖蔡荣，蔡綦五子。

十世祖蔡华，蔡綦六子。

十世祖蔡富，蔡綦七子。

十世祖蔡谷清，蔡徽之子。据说他出生时正遇大水将稻田冲得干干净净，因而取名谷清。配刘氏，生一子：光泽。

十一世祖蔡碧祯，蔡富四子，生一子：南英。

十一世祖蔡光泽，蔡谷清之子。配游氏，生三子：纯熙、缉熙、绰熙。

十二世祖蔡南英，蔡碧祯之子，生一子：肇祥。

十二世祖蔡纯熙，蔡光泽长子，蔡屋围蔡氏长房之始祖。配游氏，生三子：兰生、蕙生、薇生。

十二世祖蔡缉熙，蔡光泽次子，蔡屋围蔡氏二房之始祖。

十二世祖蔡绰熙，蔡光泽三子，蔡屋围蔡氏三房之始祖。生一子：苗生。

十三世祖蔡肇祥，蔡南英之子。

[人物]

　　蔡珍，字席聘，沙浦人。蔡珍是个勤奋好学、知识广博之士，深得朝野官员和乡人敬重。他为人谦虚，品德高尚，在新安县方圆百里得到大家的尊敬。乾隆二十一年（1756年），蔡珍中丙子科举人，后在新安县南头城著名的文岗书院掌教十多年。

　　蔡学元，蔡珍之子，三岁时便能背诵诗文，年幼时聪明、勤敏，备受乡邻称赞，随着年岁增长，学问大有长进。乾隆六十年（1795年），蔡学元领乡荐（中举）。嘉庆十三年（1808年）戊辰科吴信中榜第三甲，授咸安宫官学汉教习，任肇庆府教授。嘉庆十八年（1813年）调任潮州府教授，政绩卓异，曾加五级、记大功二次。清廷诰赠其祖父蔡镜山、父亲蔡珍为文林郎（正七品）。

　　蔡瑞芝，中共党员。1925年8月，宝安县三区区委在南塘东平社学召开区委会议，任区委常委，兼任三区农民协会常委、宝安县农会干事。9月19日，深圳各界群众在深圳墟举行廖仲恺、陈秋霖追悼会，蔡瑞芝任追悼会筹备机构的厂务部主任。12月27日，在国民党宝安县党部成立大会上蔡瑞芝被选为7个执行委员之一，为推动国共合作做出了贡献。1926年任第三区农协常委。

　　蔡励卿，中共党员，首任蔡屋围党小组组长。1928年2月23日，宝安县委在燕川村召开全县党代会，蔡励卿当选为中共宝安县委委员、县委常委，对革命工作做出较大贡献。

　　蔡子儒，又名蔡子如。1925年三四月间，在黄学增、何友逖的介绍下，蔡子儒与蔡励卿、蔡子湘、郑泰安、文季彬、郑庭芳等人在三区加入中国共产党，成为宝安县早期中共党员。

　　蔡子襄（1906—1932 年），又名蔡子湘、蔡子商、蔡来，蔡屋围村人。1925 年上半年，他秘密加入中国共产党，任中共宝安县第三区区委干事。大革命失败后，他负责筹集 1927 年 6 月至年底的县委活动经费。此后数年，他为皇岗交通站提供了大部分的活动经费，使交通站发挥了重要作用。1931 年 12 月，蔡子襄被国民党军队逮捕，次年 1 月，在广州英勇就义。

　　蔡庭安，西乡固戍村人。解放战争时期是中共负责人之一。1945年至 1946 年，他在固戍村成立了党的外围组织——联合社（护乡团西乡武工队）。蔡庭安任联合社社长，他把本村蔡姓和其他姓氏 20多位青年组织起来，与国民党反动政权和恶霸地主进行斗争。1949年初，联合社成员编入中国人民解放军粤赣湘边纵队一支三团平西队。1949 年 5 月，蔡庭安任西乡组工队队长。10 月，任宝安县固西联乡办事处副主任。

[祠堂]

　　沙浦蔡公祠，原名富祖蔡公祠，是纪念蔡富祖、蔡氏开基先人和济阳堂上历代祖先的地方。位于沙浦二村，坐北向南，西有蔡学元进士第，东有乐圃蔡公祠。沙浦蔡公祠为面宽三间、深三进、两天井布局的砖木建筑结构，建筑物包括大门、左右前廊、中堂、左右后廊和后堂，面宽 13.78 米，进深 35.1 米，建筑面积 483.68 平方米。建筑主要结构为砖墙、石柱础、木梁架、辘筒瓦等。木雕有檐雕、柁峰、梁头等，灰塑饰于正脊、垂脊、山墙上，壁画绘于正墙上及内墙上等。大门石匾上刻"富祖蔡公祠"五个大字。大门两侧有对联"一经世泽,四谏家声"。堂号为济阳堂,以望立堂。济阳乃西晋时由陈留分置的郡名,辖区近于秦汉的济阳郡。由于蔡氏族人聚居于此,乃以"济阳"为郡望,称"济阳蔡氏"。

[祖墓]

沙浦村松毛山东坡上有三座墓葬。沙埔蔡氏明四世祖妣萧氏、五世祖妣陈氏墓坐西向东,清嘉庆元年(1796年)重修。墓碑上刻"大明显四世祖妣萧氏孺人墓。显五世祖妣陈氏孺人仝(仝是'同'的意思)墓。孺人萧氏乃兰庭公原配,在右。孺人陈氏乃乔山公原配,在左。金俱在穴上","奉祀十一世孙琏、邑庠射光、邑贡生珽,十二世孙朝大、邑行淮等同立"。明五世祖考妣蔡德谦夫妇、七世祖考光殿合葬墓坐西向东,清嘉庆元年(1796年)重修。墓护墙为席纹青砖,有墓志。明五世祖考妣蔡思兰、陈氏、文氏合葬墓,墓宽五米,坐西向东,清乾隆六年(1741年)重修。有墓志。清进士蔡学元墓位于沙一村后山仔上,坐北向南。

蔡屋围老围的西边有蔡屋围开基立村之祖、元九世祖蔡徽和林氏孺人墓、明十世祖蔡谷清和刘氏孺人墓、明十一世祖蔡光泽和游氏孺人墓。

宝安潘氏

据说，在潘氏家族迁至福永前，并没有"怀德"这个村名。相传潘氏先祖潘仲鉴到此，依孔子"正名""名不正则言不顺"的观念，对村名极为重视考究。经过反复推敲和征求族人意见，遂把村名定为"怀德"：一是怀念宗族祖辈之德，开村立业发扬光大；二是潘氏家族要继承儒家文人之道德，并寓意世代流传。

[溯源]

宝安潘氏可将家世追溯到河南荥阳地区，视潘仲鉴为始祖。明陈琏为怀德潘氏族谱亲撰《宝安龙堂家庆集荥阳潘氏家谱序》，该谱序曰："潘之先，广东南雄人。有谱英甲者，当宋季始迁于宝安福永。"清康熙年间潘仁修邓家荫房谱时，在谱序中记载："宋末氏族分居，仲鉴公（又名英甲）竟由（南雄）上朔村珠玑巷阿树下而至南海，转迁于宝安之靖康，始发迹于福永之乡焉。"

潘英甲，字仲鉴，号昌南。南宋淳祐或宝祐年间生于广东南雄上朔村。潘英甲三十岁那年，遇宋元交替，天下大乱，岭南多难，民不堪命，便携妻子南迁，落籍福永怀德乡（今深圳市宝安区福永街道怀德村），筚路蓝缕，开创基业，后子孙繁衍，望重一方，被尊为深圳西部潘姓肇基之祖。娶徐氏，生有四子：长子文峰（凤池），次子章峰，三子彦峰，四子遐峰。

二世祖为潘凤池，号文峰，潘英甲长子。据《祭文峰祖墓启》记载，他"多厚德之贻，外举内修"，其夫人邓氏"尽襄成之事"，仅有一子：宏子。

三世祖潘宏子，号榜山。潘凤池之子，生于元季。娶陈氏，生四子：长子礼和，次子礼敬，三子礼智，四子礼信。

宝安潘氏传到四代，形成礼和、礼敬、礼智、礼信四大房。后人评述潘宏子时说："榜山公承二世之箕裘，开万年之奕也，四男分派，两族繁昌，皆公贻也。"所谓"两族"，即指怀德和万家萌两支。

四世祖潘礼敬（1343—1428年），号乐静。原配何氏，继配陈氏，生五男一女：长子观察，次子义察，三子文察，四子理察，五子顺察，一女适沙井驸马房陈宗祐。

分支万家萌

四世祖潘礼智，号龙屏，幼年好学，人称"文章翊世运"，有"吐凤之才"。明代洪武年间，他虑及家口渐繁，囿于怀德一地不足以施展才智，于是毅然决定携其妻梁氏迁往邓家萌（后改为万家萌，今新桥街道万丰社区），另谋发展。因无子，过继潘礼敬次子潘义察为嗣。

五世祖潘义察（1382—1460年），号淡轩。娶梁氏，生一子：

潘毅。女七，均嫁入当地名门望族。

六世祖潘毅（1412—？），字以仁，潘义察之子。娶陈氏，生二子：长子潘辕，次子潘轸。

七世祖潘辕（1442—？），号东庄，潘毅长子，世居万家萌。娶王氏，生一子：潘山。

七世祖潘轸，号盘涧，潘毅次子，为官香山，遂迁居香山沙尾村。

八世祖潘山（1472—？），号松巢，潘辕之子。娶靖康场名士戴江月之女戴氏为妻，生四子：长子潘楫，次子潘相，三子潘模，四子潘楠。后分为万家萌潘氏四大房，故有"四房祖"之称。

九世祖潘楫，号钟冈。娶江氏，生子三：长子甲第，次子甲科，三子甲榜。长子潘甲第累赠乡进士儒林郎。

十世祖潘甲第，字伯登，潘楫长子，当时在沙井一带，算是较富有的士绅，在维护封建伦理方面颇有建树。他主持重修宝安潘氏家谱，治谱严谨，不随意附会，特别对宝安潘姓始迁祖潘英甲以前属何派，不妄下结论。他认为："夫世既远，支分派别，或仕官，或商旅，或避乱，各见乐土而家焉。九州疆域，何处非潘！历今千年之后，而欲追认一一何支何派，难也。"他还亲往南雄，考察始迁祖潘英甲的祖居地。他鼓励后辈，学而有成，说："迄今各房子孙，奋发力学，皆诵法孔子，周旋于宫墙俎豆之间也。第谢政，仰承先志，钦若祖宗成宪，佑启我人，咸以正无缺而成先德。是在子孙勉乎哉！子孙万殊，当敦厚于一本，其亲疏之义，昭穆之礼，则然自祖系视之，则一体敦睦之美，余于世世有厚望焉。"生子有二：长子潘震，次子潘燕。

十世祖潘甲科，字述冈，潘楫次子，生四子：长子潘颐，次子

潘益，三子潘履，四子潘熙。以潘颐乡贡生赠乡进士儒林郎。

十世祖潘甲榜，潘楫三子，邑庠生，生三子：长子潘泰，次子潘丰，三子潘鼎。

十一世祖潘震，潘甲第长子，迁往福田石厦村。

十一世祖潘燕，潘甲第次子，迁往香港洲头村。

十一世祖潘颐，潘甲科长子，字圣顺，号元真。县庠生，明天启二年（1622年）壬戌科乡贡。曾任浙江江山县训导、韶州府曲江县训导，广西藤县教谕、思明府教授。生二子：长子继期，次子继美。

[人物]

潘礼敬（1343—1428年），号乐静，以静为乐，其志高远，人称"乐静公"。他自幼颖悟过人，好学上进，胸藏万卷，且为人坦荡，旷达明智，待人接物和气蔼然，交游甚广，以乐善好施名闻乡里。潘礼敬通晓音律，歌唱得也好，每当酒酣兴发，常击

经过反复推敲和征求族人意见，潘仲鉴遂把村名定为"怀德"。一是怀念宗族祖荦之德，开村立业发扬光大；二是潘氏家族要继承儒家文人之道德，并寓意世代流传。

节高歌，倚声度曲，有绕梁之音，听者欢然。然而他性情恬淡，不求闻达于当时，唯爱山水林泉之趣，建造了一座雅致静室，名"乐静轩"。闲暇登轩独坐，吟诗度曲，饮酒抚琴，极尽雅致幽闲之乐。陈琏《乐静轩记》赞叹道："公为人寡然恬静，以道自怡，不求名达。所居既擅山水园林之胜，有田可耕，有书可读，有蔬可茹，有桑可蚕，有牲鱼酒醴可供祭祀、待宾客，地僻景幽，轮蹄罕至，白日悠永，清兴满前。沙鸥水鸟之咏翔，渔歌野唱之响应，云帆风舶之往来，举不出于顾盼之外，或据榻而坐，或曳杖而行，野色横集，尘氛顿消，心与景会，其乐洋洋，因名所居轩曰乐静。""暮龄家事悉付诸子，世之尘虑不萦于怀。唤酒独饮，陶然而醉，醉而醒，笑傲海风山月间，纾其幽怀之趣。"这正是潘礼敬怡情雅兴之写照，而且逾老弥坚，享寿86岁。明永乐十年（1412年），潘礼敬毅然召集族人开局修谱，亲自执笔担任编修，特请内侄陈琏作序。

潘义察（1382—1460年），号淡轩，天性广淳，笃守天经，薄于世味，日以教子读书、笃农耕稼为务。当时沙井等地海滨豪右多为海商，无不噬弱肉以肥其身。义察独不齿其行，专以勤耕力作，取农桑之值，安然自足，衣食而外即用以供子弟读诗书明礼义。凡国赋课税，必率先缴纳，民间义举，必尽心尽力，深受人们钦佩。东莞县令萧毗陵举为乡宾，每年按例邀其参与乡饮，以其仪形为人表率。士庶乡绅更慕其高义，其所到之处，无不受人尊敬。礼部侍郎陈琏曾在《淡轩公七十加一华诞序》一文中，对这位表兄的为人大加赞誉，曰："君生天性广淳，笃守天经，薄于世味，日以教子读书、笃农耕稼为务。岁入租谷有余，安其子毅奉养。暇则幅巾藜杖，逍遥徜徉园圃泉石涧，或陟崇冈，仰视六合，俯视八荒。云霞之卷舒，海潮之荡漾，举在眉睫，超然埃盘之外。乡邑人士，莫不慕其高致焉。"邑人奉议大夫、辽府长史黄结撰写的《明故处士淡轩公墓志铭》，赞道："凡今之人，惟利是嗜，惟力是角。猗欤处士，宁安义命，宁甘淡薄。邑之奇英，乡之仪形。惟后之成，善以有征。"

潘毅（1412—？），字以仁，潘义察之子，为宝安潘氏六世祖。自幼好学，后成为万家蓢潘氏首位入县学的生员。潘毅在耕读之暇，则于林间溪上垂钓品茗，若有乡人故友来访，则呼小童汲溪烹茗相与谈论乡情，竟不知夕阳西坠。潘毅以"竹溪"为号，乡人异常称颂。明景泰三年（1452年）秋，礼部侍郎陈琏在《竹溪记》中评说："竹溪之号，不但闻之归德（即归德盐场，时辖沙井一带），宜闻之四方矣。"时人赞咏竹溪的诗文不少，多数是借物以咏潘毅的高风亮节。

潘辕（1442—？），号东庄，世居万家蓢，娶王氏，生潘山。他一生不求官场富贵，唯爱山水陶情，深得地方官员的器重。他好农耕，乐于田园生活，不入城市，尤其喜爱种植荔枝，在宅后辟有荔枝园，建荔枝亭，亭中置石床、石桌、石凳。荔枝成熟时，邀亲朋故友、文人墨客，共赏荔啖荔，饮酒品茗，题诗作画。

潘轸，号盘涧，潘辕之弟，自少聪明有才气，读书有成，为官香山（今中山市），后迁居香山沙尾村。潘轸深受父兄影响，身在官场却极厌恶声利，喜听溪涧之声。他常说：只要人生活得潇洒，何须黄金成堆。其高雅气节，至老不渝。他淡泊名利，笑傲山村，喜欢闲云野鹤、清净溪涧，故自号"盘涧"。潘轸晚年与夫人戴氏返归故里，终老故乡，后与夫人合葬于菱塘。其子潘歧仍住香山，每年春秋二祭都要回乡祭扫祖墓，有一次遇风浪翻船，就不再回来了。

潘山（1472—？），因筑室于山岗松林之中，不出山，不入都市，故号松巢。他以山水自娱，与友人唱和不辍。

潘川，又名无抢，生于明代景泰年间，福永怀德村人。他秉性刚方，爱好文学，写有文集，受人敬仰，因为家贫未排印成书。仅记于怀德村潘氏系谱中的存稿诗章就有《忆佳期》《山居》《深夜凉露滴金茎》《无题》等。

潘楫，号钟冈，文质彬彬，以治《春秋》为本，邑廪生，治学态度曾得到当时的令尹孙学古的赏识。有《钟冈诗集》《文房余稿》《监议》等行世。潘楫参加《东莞县志》的修撰，曾组织乡人修族谱，集资建祠，但事未完成，竟终天年。他教子有方，其子潘甲第得父教，于嘉靖三十七年（1558年）以《春秋》乡试中举，以其子累赠乡进士文林郎。万历四十二年（1614年），新安县在县城设立乡贤祠，经当时知县王廷钺批准，潘楫入祀乡贤祠、文庙，成为新安县当之无愧的理学乡贤。

潘甲第，字伯登，号肖冈，潘楫之子，以"躬耕供母"之美称闻名乡里。少得父教，专治《春秋》，明嘉靖三十七年（1558年）戊午科以《春秋》中乡试（举人），一举成名。初次任职是保昌县教谕，转署海丰县教谕，后升湖广衡州耒阳县知县。任职耒阳县期间，前县令遗留十余万斤粮的空额，竟由潘甲第承担责任。因此，潘甲第被降职改任福建都转运盐使司。潘甲第并未因此情绪低落，而是心胸豁达，诚恳工作。不久，潘甲第升任广西浔州府贵县知县。直至79岁，潘甲第才谢政归田，从政时间之长，年龄之大是不多见的。万历四十六年（1618 年）是潘甲第中举六十周年，经奏准与新科举人同赴鹿鸣筵宴，轰动一时。万历元年（1573 年），他和汪桂等出资在三都大钟山下创建黄孝子祠，祀东晋孝子黄舒。他还在三都云林墟侧建四侯祠，祀知县曾孔志、陈毅、彭允年、李铉。著有《遐方迩言》《宝安堂集》行世，惜今失传。

潘睦堂，生于明末。福永怀德村人。他幼年喜读诗书，爱咏诗赋，有文才。生前著有《梧桐》《似西山怀古》《水月》《美人弄蝶》等诗词。

潘峨亭，又名玉山，号峨亭。福永怀德村人。生于清雍正九年（1731 年），曾被邓钟岳录进县学，后累试不第，筑室于海边吟诗作词，喜爱文学、音乐，常操琴，生前留有不少诗文，包括《新秋》《中秋月》《冬日答别》《即事寄意》《告罢》《恭赋》《砚尘》等九篇诗稿。

潘颖田，字平东，福永怀德村人。生于清雍正年间，乾隆二十八年（1763 年）县试第一名，乾隆四十五年(1780 年)庚子恩科宗师李调元取八本邑文学第二名，嘉庆十五年(1810 年)考优等补廪。生前留下的诗稿有《嘉庆五年置家郎和周弟修族谱予赠古风一首》《前题》《陪诸同学登羊城镇海楼怀古》《赋得海不扬波》等。

潘魁名，字上聘，别号存亦，生于康熙四十六年（1707 年）。他自叙家境时说："有屋五间，可以避风雨，田园三四亩，以资衣食。"幼年读过私塾，天资聪颖，记忆力过人，过目不忘。早年参加过科举考试，但未能成功。不久，就打消了仕途之念，襟怀磊落，寄情山水。后来执教于宝安各地，族人潘颖田、潘鉴蓉等都是他培养出来的优秀人才。潘魁名性情恬淡，生活凡有拂志不舒之时，便发诸吟咏，借题消遣，赋诗一成，即愤懑气散，顿忘怀得失。他的书房中悬挂着一副自撰的对联："掩口不谈乡曲事，潜心惟会案前书。"有《存亦诗稿》传世。潘魁名爱读书，亦爱藏书，除典籍之外，尚有不少"山水舆图""风水扶乩"等杂书。乾隆二十六年（1761年），他倾其所藏，在宝安县创设了赞廷书馆。曲江儒学教谕曾煜、陕西西乡县知县陈振等都到宝安访问过赞廷书馆。

[祠堂]

　　怀德潘氏宗祠位于深圳市宝安区福永街道怀德社区，是怀德潘氏家族的总祠。据说始建于元至大元年（1308年），清乾隆四十五年（1780年）重修，现存建筑为1992年重修。三进三开间二天井二廊房，砖木结构，硬山式，灰塑船形正脊，琉璃瓦当门，属南方广府建筑风格。大门的明间以花岗石雕饰贴面，门匾"潘氏宗祠"为原物。整座建筑采用灰塑、石刻、木刻和壁画等建筑装饰手法，雕梁画栋，富丽堂皇。前厅右耳房外墙上有一块乾隆四十五年（1780年）立的禁条石碑，禁止族人：开场聚赌、贮灰放粪、积木堆柴、养鸭绚牛、张缯打禾、脱门放车、锁踞长住、教习拳棍、擅放农器、经布打磨、长放烂轿。族人"倘敢拒谏抗违，将他物件经从掷出，本人及家长一并责罚，不许入祠"。堂号为"怀德堂"，意为要子孙怀念祖宗之德，语出《论语·里仁》："君子怀德，小人怀土。"

　　万丰潘氏宗祠位于深圳市宝安区新桥街道万丰社区，古称萌溪大宗祠，是万家萌潘氏家族的总祠。建于明代万历年间，重建于1874年，占地面积287平方米。三开间三进深二天井，中厅正中设木质雕画神龛。为宝安区第四批不可移动文物点。堂号为"钟山堂"。潘氏迁居万家萌，开基立村于大钟山下，堂因山而得名。

[**祖墓**]

潘英甲卒后与徐氏合葬在上寮岗沙地濒大坭坟，清乾隆四十年（1775 年）迁葬于福永乡村前石坛冈（今福永街道怀德村前），与其长孙宏子夫妇墓并肩而立：英甲夫妇墓位北，宏子夫妇墓位南。

潘礼智被奉为万丰村始祖，卒后夫妇合葬于夹榜山巽向之原，清乾隆四十年（1775 年）迁葬于福永乡村前石坛冈，与祖父母墓并立。

宝安文氏

　　明朝以前，文氏都过着隐姓埋名的生活，没有多少人知道他们是文天祥的遗族，直到明代初年，他们才公开身份。到了清代嘉庆年间才开宗祀，在南头城建信国公文氏祠。宗祠保存完好，至今有200多年的历史，是南头城中保存最为完整、规模最大的古建筑。

　　数百年间，文氏后人开枝散叶，足迹遍至今香港新界新田、泰坑村，深圳的松岗街道报美、岭下、山门、山尾村，福永街道上头田、潭头村，福田街道岗厦村，东莞长安镇涌头村，海南琼州万宁市等地，繁衍成文氏望族。

[溯源]

　　《宝安文氏宗谱》世系表以文翁为始祖。

　　文翁（前156—前101年），名党，字仲翁，蜀郡守。虽是西汉封建官吏，其管理思想却十分现代。他将教育放到了地方发展的第一位，在成都办起了中国第一所公立学校——石室学堂，并采取种种措施鼓励上学，留下了"文翁化蜀"的佳话。同时，他完善了都江堰水利建设，是一个真正为民做主、埋头办实事的好官，深受巴蜀人民的爱戴。在都江堰博物馆陈列的历代治蜀名臣塑像中，文翁位列第一。

文时，字春元，原为成都人，是西汉蜀郡太守文翁的后裔。五代后唐同光三年（925年），以武功授予帐前指使轻车都尉。后来镇守江西，经常巡视吉州，至永新县住在通判袁公家里。袁公很欣赏他的才干，遂把自己的独生女儿许配给他。后晋灭了后唐，他不愿意事石氏，于是把家定居在丈人的家乡——永新县钱市坑东上陂，过着隐士的生活。北宋乾德三年（965年）以疾卒于家。

文时的儿子名环，文环有二子：文光大、文光祖。

文光大，字正原，宋开宝元年（968年）由国监上舍赋魁，授承事郎，郴州判官。生了四个儿子：长子文彦纯，次子文彦本，三子文彦彬，四子文彦华。文彦纯，开辟居钱市里首固塘夏山，为固塘基祖。淳化三年（992年），彦纯带着两个儿子赴桂阳任职。路过吉州，其长子文卿喜欢庐陵永和镇秀丽的山水，于是留下来寓居永和之凤冈。

文卿的儿子名蒙，字养正，《文谱》说他"博古知今，轻财重义，远利名，乐泉石"。他生了三个儿子：长子文炳然，次子文焕然，三子文煜然。

文炳然，字奎炳，是南宋绍兴年间庐陵地区的博学之士，开馆于富田。只生了一个儿子：文正中。

文正中，有学不仕，因爱富田山水明秀，徙居之，为富田祖。其子利民，与父亲、祖父一样"习先世儒业，乐龙川林泉，悠然自得，终

数百年间，文氏后人开枝散叶，足迹遍至今香港新界、泰坑村，深圳松岗街道、福永街道、福田街道，东莞长安镇及海南琼州万宁市等地，繁衍成文氏望族。

其天年"。

文利民的儿子安世，字显道。他虽然没有做过官，但因为有个丞相曾孙（文天祥），死后被朝廷赠为太保、邢国公；其妻刘氏，是富田锦溪人刘泳明（曾任大理寺评事）的女儿，被赠为邢国夫人。文安世有两个儿子：长子文时习，次子文时用。

长子时习，字仲济，生三个儿子：文行、文仪、文信；次子时用，字仲和，无后。所以时习将次子文仪过继给时用。文仪就是文天祥的父亲，所以亲生祖父时习被朝廷封为太傅，祖母梁氏被封为太夫人；（继）祖父时用则赠太傅永国公，其妻邹氏亦赠永国夫人。

宝安的文氏家族为文氏固塘富田派。以文天祥为太伯祖，以文璧为始祖。文天祥四兄弟，他为长子，二弟文璧，三弟文霆，四弟文璋。

一世祖文璧（1238—1298 年），号文溪，字世安，与兄长文天祥同登进士第。南宋景炎年间任惠州知府。堂兄文天瑞随他赴任，居惠州。文天祥于潮州五坡岭兵败被俘后，文璧携带妻儿和 16 名家丁潜至宝安黄松岗鹤仔园及福永凤凰一带，开村立业，繁衍后裔。后经元世祖多次催聘才入朝担任谏议大夫。为继承祖业家业，他把次子升子过继给胞兄文天祥。故此，宝安黄松岗及福永凤凰、白石厦一带的文氏均奉其为始祖，奉文天祥为始伯祖。大德年间，文璧病逝，葬于公明马山村尖岗山。

文璧生了三个儿子：长子文隆子；次子文升子，过继胞兄文天祥；三子文京子，过继堂兄文天瑞。据《宝安县文氏族谱》云："崖州失败，文山被执，公潜往燕京与兄同难，文山公有忠孝之别，嘱弟养母抚后。公乃携家丁十六人及妻子家私官物，潜至东莞三都六图黄松岗鹤仔园荒圃筑室。"

文天瑞南逃至宝安地区，定居三门东清后坑。天瑞无子，堂弟文璧的三子京子入继，其后人文孟常居新田，成为新田房开基祖；文荫居屏山，后迁大埔泮涌村附近，其后人分居今泰坑。香港文氏以文天瑞为始祖。海南文氏也以文天瑞为迁琼始祖，说他避难渡琼，落籍万宁，再娶王氏，生了四个儿子：长子文举，次子文失，三子文炳，四子文炜。后裔散居海南各地。

二世祖文隆子，生于宋末，文璧长子，文天祥侄子，字尚志，号学溪；后改字廷献，号中训。精通经史，工于诗文。元初特授平阳县尹，不久就致仕回来，在一个叫鹤仔园的地方居住下来，繁衍生息。于是，文家一支血脉终于在宝安这块土地上保存下来。据后人考证，鹤仔园即现在的松岗根竹园村，此处北距"文氏大宗祠"不足1000米，700多年前是南海之滨的延伸地带，是鹤与海鸟成群栖息的地方，故称"鹤仔园"。文隆子去世后葬于白石厦村侧，地名为黄牛不出栏（现福永中学足球场）处。

三世祖文应麟，文隆子的长子、文璧之孙、文天祥的侄孙。据嘉庆《新安县志》人物志里记载："文应麟，宋丞相文天祥侄孙，倜傥尚志节，景炎年间，丞相弟璧守惠州，兵至，璧以城降。应麟耻之，携二子起东、起南，遁于邑之东渚，遂家焉，今称名族。"元初，文应麟曾任归德坊官，后从黄松岗搬迁到福永大茅山脚岭下，见此地风景秀美便决意在此隐居，从此开村立业，成为福永文氏的开基之祖。文应麟生二子：长子文起东，次子文起南。

元大德年间，文应麟在大茅山凤凰岩处始建一座寺庙，名"凤岩古庙"（又曰"观音庙"）。该庙建成后，前来烧香拜佛的人群如潮，大茅山的人流也兴旺起来，连年不绝。文应麟同情百姓遭遇，为人乐善好施。他常爬上大茅山顶（凤凰山的顶峰），望见山脚附近村落不少人家屋顶断烟，无米下锅，于是就派族人送粮到户，接济贫民。为瞭望方便，他在大茅山巅筑起一座望烟楼，傍晚就在楼上瞭望四周村落，以便了解民情，接济屋无升烟的穷人。邻里乡人甚为感激，称文应麟为"义士"，称望烟楼为"烟楼晚望"。文应麟憎恶元朝统治，立志继承其伯祖父文天祥遗志，不忘反元复宋。为此，他经常集结一班志同道合的义士在凤凰山巅习武练剑。练武场边的一块刀状大石被他们当做磨剑试剑之石，因此被称为"试剑石"。它与"烟楼晚望"齐名，成为凤凰山景区的一道名胜。

四世祖文起东，生五子：长子文仁，次子文义，三子文礼，四子文智，五子文孚；文起南生二子：长子文垂统，次子文垂献。这就是所谓的"文氏七房"。

后来，文起东居住在岭下，其次子出继文起南，迁居白石厦村；另一子于新田置业开村，繁衍至今。因此，在福永形成凤凰（岭下）、白石厦、新田文姓三村系列。

《宝安文氏族谱》录有一首"七房歌"：七房毕竟数谁先，长称报美次新田；岭石潭溪递国泰，门尾涌头最后言。此歌表明，今日居住在宝安、东莞、香港的文姓，均为"七房"的后人，但长期以来"七房"的顺序却颇有争议。近年来，文氏后人多方查找历史文献资料，对照有关文物，认为"七房"的排序是：一房报美村（今松岗东方、红星村），二房岭下（凤凰村）、白石厦、新田（均位于福永），三房新田（今香港新界），四房西山、上头田、潭头（均位于松岗），五房岗厦（今深圳市内）、泰亨（今香港），六房山门、山尾（今松岗），七房涌头（今东莞长安镇）。

[人物]

文起南，生于元朝末年，文应麟次子，原为岭下村人，后为白石厦（石溪）文氏开村之祖。名复，字若凤，号凌霄，又号起南，别号汝鹏。曾为明初国子监太学生。他自幼抱有辟土开疆之志，不欲与兄同居，见白石厦田地膏腴，遂迁居到那里开村立业，成为白石厦文氏开村始祖。

文仲德，生于明朝年间，文应麟之孙，岭下村（今凤凰社区）人，字性通，明朝吏员，曾任江西赣州巡检。

文茅山，生于明初，凤凰村文氏八世祖，自小就勤励，博学多才，终生大部分时间为教，学子众多。去世后，其族人于明中期专门建成"茅山公家塾"作为文氏及村内外子弟读书之所。自从茅山公开设家塾、私塾以来，讲学授徒渐成文氏家风。此后在明清三百年间，随着文氏族人和房系的增多，有钱富有的房系亦遵效祖风，陆续修建了如拔如书室、伯元公家塾、顾三书室等专门的家塾、私塾，使得书香门第的精神在文氏后人中传承下去。

文德华，岭下村（今凤凰社区）人。他在福永开设书室，讲学授徒，经其教授的不少学子都考取了功名或成名，是当时一位名师宿儒。

文顾三，字际行，岭下村（今凤凰社区）人，生于清嘉庆末年，卒于光绪元年（1875年）。幼年饱读诗书，文才过人，从教重教。同治年间倾家财建三进三开间"顾三书室"，专心教书育人，名扬邑地。同治年间被封为四品大员朝议大夫、国学生。光绪十年（1884年）朝廷授予"爱恒堂"牌匾，以颂其功德。

文启基（1841—1894年），白石厦村人，名稳胜，字启基，含辛茹苦教子重义，慈严并用。首先领洗信仰基督教，并携二子至福永福音堂见吕威廉牧师，为本乡信奉耶稣之第一人。原配陈氏亦为早期基督女信徒。

文士弘，岭下村（今凤凰社区）人，生于清末，是一位才士，有文学天赋。民国中期游凤凰岩时留下诗词："登高回首尽崆峒，前望澜洋远碧空。览胜心驰缥缈外，伤时人在乱难中。虎门隐隐烟雨飞，龙穴朦朦浪卷风。历劫江山无限恨，凤凰何处有梧桐。"并刻诗于凤凰岩"莺石点头"岩石处，至今保存尚好。

文为任，生于清末岭下村，有才学。民国初年游凤凰岩时写下诗词："峻增千仞费攀跻，极目穷苍觉自迷。方懒几时岩岫出，山空何目凤凰栖。昂头茅岭双峰峙，放眼澜洋万壑低。诗愧笼纱羞贴壁，且从石上扫苔题。"并刻诗于凤凰岩石壁处，至今尚存。

文镐（1887—1940年），字步周，号怀西，生于清末，岭下村人。曾留学日本攻读法律，任高等法院推事。民国八年（1919年）游凤凰岩时赋诗一首："醒龊尘寰闹未休，归田时作凤凰游。千章松盖排云绿，几点钟声出寺幽。海气楼台龙穴暮，边城鼓角虎门秋。江山破碎岩无恙，香港盈盈隔一沟。"

文敬柏，1905年生，白石厦村人，中共党员。1939年参加抗日战争，加入广东人民抗日游击队东江纵队，由战士至小队长再至中队长。抗日战争胜利后，于1946年随东江纵队北撤至山东入编华东野战军，参加济南战役、淮海战役等，为革命做出了贡献。

文爱章（1926—1948年），女，1926年出生，嫁到福永怀德村。参加游击队地下工作。1948年给东宝驻香港游击队运送支援物资途中，在海上不幸遇难。

[祠堂]

文氏大宗祠位于深圳市宝安松岗街道东方社区，现存建筑主体为清中叶风格，晚清时经过修葺，祠内尚存部分明代的石作构件。三开间三进深布局，面阔13.7米，进深30.3米，占地面积415平方米。前堂大门两侧设塾台，门上石匾刻"文氏大宗祠"，门下有高大门枕石，门内有一屏风。火栋尖山式样山墙，前后出檐廊，檐板雕有花卉、人物、瑞兽图案。廊梁架结点分别用雕有动物、人物、花草的柁墩，斗状和圆斗状瓜柱，前檐柱间联以石月梁枋，石柁墩斗拱承托檩橼。山墙上有素面红砂石墀头，山墙顶为尖山式，船形正、垂脊，两次间内设耳房。天井两侧设亭台式御房。中堂硬山屋顶，船形正、垂脊，辘筒瓦覆面，琉璃瓦剪边，镬耳式山墙。中堂后部有两道加墙，当是文氏族人祭祖祈福、议理公事之处。中堂后墙两侧各有一边门通向后堂。后堂左右两侧无廊房，梁架系抬梁式与穿斗式相结合，结点用圆斗状瓜柱，其后部设二道加墙，硬山顶，船形正脊，辘筒瓦覆面，山墙亦为镬耳式。现改建成文天祥纪念馆。

[祖墓]

文应麟墓位于深圳市光明区公明街道马山头村鲇鱼溪，清光绪年间重修，1992 年由香港、深圳两地文氏后人再次修葺。墓室用花岗岩石砌筑而成，上刻"元义士应麟文公墓"。

文中训夫妇墓位于福永中学后山。现墓的拜台、碑石等重修于清咸丰七年（1857 年）。墓碑上刻："元显二世祖考平阳县尹中训文公、妣诰夫人文母卜氏之墓。"

文狄介墓位于凤凰岩古庙下半山腰人行道旁，面积 36 平方米，坐北朝南，主体为砖石结构，外墙灰砂抹面。墓主文狄介生于元代末年，卒于明代初年，为凤凰村文氏先祖。该墓为明初原葬墓，明代和民国年间曾修葺。现存墓葬虽经多次修缮，但仍保留了明代墓葬形制特点和基本布局。该墓被宝安区文物管理委员会于 2004 年发文定为第一批不可移动文物保护点。

笋岗何氏

笋岗老围，又称元勋旧址，是笋岗何氏家族为纪念岭南名贤何真而建的，由何真四世孙何云霖所创。城寨的四角有二层高的阁楼，阁楼间连以寨墙，高5米，宽1.2米，均用厚大的青砖砌成。城寨呈长方形，东西宽68米，南北深63.5米，内有3条纵巷、6条横巷、140多间房，并设3个水井，布局十分合理。城寨周围还设有护城河。城寨门楼旧时有对联曰："笋得栽培解箨春池龙已化，岗钟灵瑞和鸣丽日凤来仪。"这是目前深圳市最为古老和完整的村寨建筑，1988年被列入第三批市级文物保护单位，2002年被公布为省级文物保护单位。

[溯源]

何氏始祖乾符在宋室南渡后"由南雄郡保昌县沙水乡七星树下珠玑巷"南下抵东莞，初居莞邑附郭珊口，生高祖。高祖娶东莞横冈袁氏，生曾祖发藻。发藻"家道寝昌"，创土员头山、石壁头、周塘等宅场，筑居员头山，招佃张、游、吴、黎、陈、魏、叶等姓旁居，成

▲

笋岗老围，又称元勋旧址，这是笋岗何氏家族为纪念岭南名贤何真而建的，由何真四世孙何云霖所创。图为笋岗何氏宗祠。

为在当地颇具实力的豪族。发藻娶妻、妾共四人，共七子，其中邝氏生何真父何贤等三子，何贤生何真、何迪二子。

面对乡豪割据混战的局面，势力弱小的何真不得不依附归德场的文仲举。后来部将内讧不休，何真与文仲举分道扬镳，回到泥岗。此时何真家庭发生变故，母亲和妻子相继去世。何真大病一场，元朝至正十八年（1358年），何真娶黄田场官女廖氏为继妻。笋岗乡豪欧广父子聚众筑黄坑岭表营，后筑笋岗营，耻受制于郑润卿，郑患之。欧暴虐失人心，郑贿欧部下格杀之，请何真入镇其营。何真入营后，遭到郑手下部将的排挤，他们向郑献计，将何真家属迁入镇营，以掣肘黄田场诸路，欲擒何真。何真背水一战，首战失利损失部将大半，后在飘湖迳一战中取胜。至正十九年（1359年）派长子领兵往惠州屯驻。至正二十年（1360年），何真再升任惠州路府判。洪武二十年（1387年）何真病逝。

何真有8个儿子：长子何荣，字耀先，读书有文名，洪武二十四年（1391年）沿袭父亲何真受封"东莞伯"；次子何华，官广东总管路同知（正五品，后裔居笋岗、松园下员头山）；三子何富，官惠州府通判（从六品）；四子何贵，字奉先，有勇有谋有学行，为士大夫所推崇，官至镇南卫指挥佥事（正四品）；五子何崇为官员外郎（正六品，后裔居岗头、大莆、莆心）；六子何宏,字茂先,风度凝峻,好学,能文章,有诗名,曾面见朱元璋,深得帝心,洪武二十三年（1390年）, 由尚宝司丞提少卿（负责掌握宝玺、将军印信,从五品）；七子何弼,功荫忠显校尉；八子何维,官授双铺马。

洪武二十六年（1393年）, 朱元璋族诛蓝玉,满朝百官受蓝案祸及抄斩绝户的公侯文武之家,多达数万,何真长子东莞伯何荣、四子镇南卫将军何贵、六子尚宝司少卿何宏皆丧命。何荣兄弟惨被杀戮之消息传至岭南,其叔父何迪（广东道宣慰使都元帅、中奉大夫,从三品）大惊失色,被逼铤而走险,反叛朝廷,狙杀官兵300余人后,逃遁海岛,顽抗十多月,被围追杀害。

在蓝玉惨案中,何真五子何崇及二子何华由其祖母茶园叶氏携至当年避难的泥岗开基立村,得以幸免。洪武二十六年（1393年）三月,何崇携眷属逃亡,居山宿岛,潜形匿迹。洪武三十一年（1398年）, 朱元璋驾崩,建文帝登基大赦天下,何崇携子侄等人返回故乡。之前何荣在送别弟弟何崇回宝安老家探亲时,咽声说道："五弟,今居官祸福顷刻,汝归难料再会日。到家达知伯叔兄弟,勿犯违法事,保护祖宗,是所愿望。"

后来笋岗何氏繁衍生息,人丁兴旺,发展成四个村落。

[人物]

何麟运,号玉书,东莞伯何真之裔。顺治辛卯科中式。质实淳悫,坦易慈和,与物必诚,不设城府。好诗酒,往往以此寄志。初任高州府茂名县教谕,捐俸课士,多方调护,斯文生色。故于其升也,诸生尸祝不衰。迨秉铎循州,学田所入,恒分以周寒士。学宪冯大嘉奖之,飞章首荐,遂内转大学学正,旋晋兵部督捕司务。以年老告假回籍,唯诗酒自娱,无所求。厚德高风,两不可及。

[祠堂]

　　何氏宗祠位于深圳市福田区笋岗村内,祠内壁上嵌有一块民国初年建祠碑记,其中有"本族始祖讳真,明封东莞伯,赠侯爵恭靖。所生八子名荣、华、富、贵、崇、宏、弼、维,各祖从官分居别处"等语。深港地区何氏族人都自认是何真第二子何华、第五子何崇之后。1980年5月,何真后人何锦亮根据旧族谱增修校正,并由何锦庆撰写:"列宗世代定居广东省宝安县深圳镇笋岗村围内'元勋旧址'祖屋。时移世易,迄至二十三代及以后,子孙则多迁居及就读于香港暨海外英、美、加等地,故特志之,畀我后世之子孙万代延绵,饮水思源,仍念念不忘故居乡梓,而易于追认我祖先发祥地也。"堂号为同福堂。

[墓地]

　　何真母亲的墓地在南头古城西北的牌榜山,这在嘉庆《新安县志》上有记载。深圳经济特区建立之初,坐落在罗湖区笋岗村西朗贝山铜锣地的何真之母叶氏之墓及原墓碑仍保存完好,今移笋岗村北侧大岭山南坡。

公明麦氏

　　公明原来有一条经过周家村的、远近闻名的交通要道。它从广州到宝安南头、惠州和潮州，是明清时期重要的驿道。周家村曾因清朝出过五位将军而被人们称为"将军村"。20世纪50年代末，公社化时将军村和石围村合并成立将石大队。

[溯源]

　　公明麦氏以麦铁杖为太始祖。麦铁杖（574—612年），生活于南北朝和隋朝期间。青年时即勇敢，有臂力，且步行如风，奔跑如马，能"日行五百里"。性开朗，嗜酒，好交游，重信义。铁杖曾与人结伙为盗，被广州刺史捕获，罚为官府奴隶，为皇帝执掌御伞。后为隋朝大将军，随杨素征突厥立功，后战死在征讨高句丽的战役中，时年38岁。赠光禄大夫、宿国公，谥号武烈。

　　宋绍兴年间（1131—1162年），麦铁杖十六世孙麦必荣、麦必秀、麦必达、麦必端、麦必雄五兄弟为了逃避兵乱，率族人从南雄南迁至珠江三角洲一带落籍。

一世祖麦必荣，字尚仁，登宋崇宁二年（1103 年）癸未贡选，官至奉政大夫，由南雄始迁东莞县靖康乌沙桥东，成为麦氏"过江一世始祖"。生二子：长子有登，次子有成。

二世祖麦有成，麦必荣次子，生一子：嘉孙。

三世祖麦嘉孙，麦有成之子，生三子：长子贵华，次子贵岐，三子贵斌。

四世祖麦贵华，麦嘉孙长子，生二子：长子麦译，居住在咸西；次子麦润，居住在周家村。

四世祖麦贵岐，麦嘉孙次子，生二子，长子麦善教为增田、西边头及合水口之祖。

五世祖麦译，麦贵华长子，居住在咸西。

五世祖麦润，麦贵华次子，居住在周家村。

明洪武年间，麦氏六世祖麦守信为开拓生存空间，从东莞迁居周家村（今将石村），成为立村始祖。

明永乐年间，麦富也从东莞世居地迁出，在合水口开基立村，成为公明麦氏的初居之祖。麦富于合水口开村立业，其子孙后代分居于公明的茨田埔村、马山头村、根竹园村，光明街道碧眼村，龙岗区坪山镇果园贝村等地。

据史料记载，合水口村所在地因地势较低，从上游汇合到村前的一条溪，形成一个合水口，因此得名。现在，麦氏子孙后人已达十多万人，遍布珠江三角洲、港澳台地区和海外多个国家。

[人物]

麦世球，清康熙二年（1663 年）朝廷在粤东开设武闱，选拔武官。麦世球参加了这次武乡科，并中举。雍正元年（1723 年）开科，正好是麦世球中举六十周年，奏准设宴庆祝。

麦中达，考中康熙十一年（1672 年）壬子科武举人。

麦蕖，字泽先，麦世球的儿子。据说他身材非常魁梧，性情慷慨自负，磊落不群。康熙二十九年（1690 年）参加庚午科乡试，考中武举；康熙三十年（1691 年）辛未科会试，考中武进士，可谓"联捷"。历任四川会川军民卫掌印守备、浙江衢州协中营都司、江南提标后营游击、调署松江衢州协镇。所历诸任，俱有政声。他的爷爷麦隆，因此被赠与怀远将军，他的父亲麦世球也被诰封为怀远将军。

麦岐，乾隆五十九年（1794 年）参加甲寅科乡试，考中武举。

麦锦琼，麦岐的儿子。参加嘉庆十五年（1810 年）庚午科乡试考中武举。嘉庆十九年（1814 年）甲戌科再考中进士。嘉庆二十二年（1817 年）参加丁丑科殿试，授予营守备用。嘉庆二十四年（1819 年）赞助编修《新安县志》。

麦冠东，清初时任四川夔州提督，曾被封为怀勇将军。在 1984 年的文物普查中发现，在公明的将石村，有一座他的墓，墓前设有

▶

公明原来有一条经过周家村的、远近闻名的交通要道。它从广州到宝安南头、惠州和潮州，是明清时期重要的驿道。周家村曾因清朝出过五位将军而被人们称为"将军村"。图为公明麦氏大宗祠。

石马、石鼓等，还刻有雍正三年（1725 年）诰封的碑文。

麦位球，性至孝，耕田供职。岁值凶荒，佣工富室，减飧折米以供母。父亲死得早，没给他留下多少印象，成为他终身的遗憾。每当春露秋霜，他一定会到父亲的坟前祭奠，恸哭万分。母亲病重，他寝食俱忘，小心翼翼地服侍在病榻前，不离半步。等到母亲去世，他哀毁逾节，水浆不入。族党皆称其孝。乾隆十六年（1751 年）题准，旌表建坊。

麦福荣，1924 年底加入共产党，成为宝安县最早的共产党员之一。1927 年 6 月，中共宝安县委召开四、五区农会领导人联席会议，他任中共宝安县第一届委员会委员。11 月，任东宝工农革命军总指挥部第三大队大队长。年底，中共宝安县委派麦福荣到沙井至蛇口沿海一带与秘密农民自卫军联系，举行工农武装暴动。1928 年 4 月，宝安县农民武装举行第二次暴动，狠狠地打击了豪绅地主的嚣张气焰，沙井、新桥各乡豪绅地主纷纷到广州、虎门、深圳请兵。1928 年 2 月 23 日，出席全县第一次党代表大会，是大会主席团成员之一。1928 年 5 月，宝安县农民武装举行第三次暴动，他被国民党围捕，于广州就义。

[祠堂]

麦氏大宗祠位于深圳市光明区公明街道合水口，始建于明弘治年间，占地面积 1133 平方米，建筑面积 938 平方米，是合水口、薯田埔、马山头、根竹园、碧眼和白芒沥六村的总祠。

大门中间有刻着"麦氏大宗祠"的木匾，两侧对联为"长江源远，古柏根深"。五间三进布局，建筑布局及建筑构件至今仍保存完整，天井、飞檐、牌坊、灰塑、石雕、木雕和彩绘等细节彰显着这是一座具有鲜明岭南风格的传统祠堂建筑。大堂前天井中央矗立着刻有"宿国流芳"的花岗岩大牌坊。堂号为聚英堂。

[祖墓]

麦氏古墓群位于碧眼旧村的后山上，碧眼水库旁。墓群占地面积约 2500 平方米，墓葬地面建有拜台、祭台、墓堂及护墙，十分规整。地下筑有墓穴，平均长 11.9 米，宽 9.3 米。始建于洪武七年（1374年），清乾隆年间重修，但元、明代风格未变。拜台护墙、墓葬护墙均用青砖垒砌，拜台、祭台均是三合土建筑，保留了明代红砂岩条石基础。据记载，麦氏古墓群是麦氏九世祖麦富及其子孙的墓葬。主墓群有四座墓并立，由左至右分别为十一世祖麦梅南及夫人利氏墓、九世祖麦南溪及夫人蔡氏墓、十世祖麦松涧及夫人王氏墓、十一世祖麦荔庵及夫人陈氏墓。位于下方的两座墓为十一世祖麦甘泉夫妇合葬墓和十一世祖麦梅南夫人利氏墓。麦富是麦氏族人迁至公明的初居之祖，其后代九世祖麦南溪为公明合水口的开村祖，十一世祖麦甘泉为公明薯田埔的开村祖。其后，麦南溪的后代又相继开创了公明马山头村、根竹园村和光明碧眼村。2005 年，麦氏古墓群被列为宝安区文物保护单位。2008 年初，因广深港铁路从麦氏古墓右侧经过，为配合国家铁路建设，经协商后，麦氏子孙同意将十一世祖麦甘泉夫妇墓穴从原址向内移至现址。

南头郑氏

　　北宋熙宁三年（1070 年），南雄保昌县郑柏峰宦游至东鉴（今南头一带），见此地山明水秀遂立村，故谓东鉴郑氏。当时当地少数民族很多，势力也大，为了更好地与当地民众融合，郑柏峰娶了仓前村雷氏的女儿为妻。雷氏是深圳地区有史记载的最早的本地姓氏，是个有势力的家族，这对郑家奠定基业起了重要的作用。

[溯源]

　　西周宣王时，封异母弟姬友于郑，战国时韩灭郑，子孙以国为氏，散居于京（今河南荥阳京襄城）、制（今荥阳西）、祭（今河南郑州东）和陈（今河南淮阳）、宋（今河南商丘）之间，后散迁到河南东部及山东、安徽等地。深圳郑氏的先祖来自河南荥阳，现存深圳南头涌下村的清光绪二十七年（1901 年）的《郑氏五大房族谱》，记述了明成化十四年（1478 年）广西梧州府同知陈龙撰《谨将前人家谱序敬录》一书，书上记载："荥阳郑氏，故家宦族也。其先世，南雄保昌人。始祖朝奉大夫，宋熙宁间宦游入岭南，创业来于东莞之东鉴，遂家于兹。"

一世祖郑柏峰，字允中，宋进士、朝奉大夫，以此官名为号，故称朝奉，原系南雄府保昌县凌江人。北宋熙宁三年（1070年），宦游至东鉴（今南头一带），见此地山明水秀遂立村。娶仓前村雷氏为妻，生一子：郑帽庵。

二世祖郑帽庵，郑柏峰之子，宋朝议大夫。娶李氏，生一子：郑南莆。

三世祖郑南莆，郑帽庵之子，宋宣教郎。因上两代单传，致人丁单薄。娶仓前雷氏为妻，生五子，分别以"仁""义""礼""智""信"五字起名。这五个儿子的后裔，最终发展成枝繁叶茂的"五大房"。宝安与香港一带郑氏以南莆为开基祖。南莆祖成了五房祖，葬黄田村后南莆岗，他的墓成了"五房坟"。

四世祖郑仁，字知微，郑南莆长子，宋八贡元，葬牛窟洞月角形地。娶李氏，生一子：郑恩。

四世祖郑义，字知纲，郑南莆次子。娶黄氏，生一子：国定。

四世祖郑礼，字知几，郑南莆三子。娶欧氏、丁氏、卓氏，生四子：长子子琪，次子子玠，三子子璲，四子子珽。其子孙分布于涌下、福源、红石巷、西乡沙头、庄边三房、莘塘、大涌、新畲村、大鹏乡、街边、南塘、石桥头。

四世祖郑智，字知彰，郑南莆四子，宋朝议大夫，葬于隔岸闭樟（土名水口龙井山）。娶黄氏，生一子：辰佑。

四世祖郑信，字铁生，郑南莆五子，宋承教郎。娶吴氏，生一子：郑浑。

五世祖郑恩，字子泽，号滋圃，郑仁之子。娶李氏，生三子：长子秘校，次子秘书，三子秘庆。其子孙分布于塘朗、黄田大围、沙尾、花屋巷、厅巷、篁里、塘朗白虎头、定加朗、巷头、向南、湖吐、珠岗头、榕树角、菴前、隔田、西涌、庄边长房。

五世祖郑国定，郑义之子。娶胡氏，生二子：长子达裔，次子达甫。其子孙分布于山兜、梅林。

五世祖郑辰佑，郑智之子。娶陈氏，生二子：长子嗣先，次子嗣承。其子孙分布于田下、留仙洞。

五世祖郑浑，郑信之子。娶庄氏，生二子：长子希韩，次子希雄。其子孙后移居香山平岚乡。

[人物]

郑文炳，字在中，城外涌下人，明万历七年（1579 年）的拔贡，初授福建将乐训导，后来升任高明教谕。有一年，适值大旱，庄稼颗粒无收，百姓流离失所，哀鸿遍野。郑文炳出面劝富裕人家开仓廪散粟。届满，升为广西宾阳学正，后任怀远县知县。当时的怀远县山高岭峻，野兽出没，又加上一些瑶侗少数民族进入山林成为土匪，常常下山掠夺，致使民不聊生，县官也带着妻子儿女逃跑了。郑文炳将此情上报，朝廷派军队来为民除害。为了供给军队兵饷，郑文炳筹划粮食三千石，战马八百匹。因谋划得当，野兽与土匪之患得以平息，百姓不再受侵扰。朝廷为此表彰了他的功劳，谓郑文炳有"御侮才"，又官升一级"使往摄篆"（代理官职，掌其印信）。他上任后，停止了大量的征兵，自己单骑进入少数民族区域，以安抚民心。在他的抚慰政策下，不久瑶侗恢复安宁。郑文炳死在任上。生前著有《奎亭集》数卷。

郑润，向南村人，以训诲为事，栽育后学，为县屡陈大议，人称长者。

郑文光，向南村人，官至大鹏营千总，骁勇善战，为疆防捐躯。

郑双英，西涌人，官至碣石镇总兵、水师提标中军参府，御赐奖武金牌，诰授一品振威将军。

郑敬，字德聚，梅林人。少年时就秀异明敏，明正统六年（1441年）考中辛酉乡科举人。第二年，即正统七年（1442年）就考中壬戌科刘俨榜二甲进士，授南京湖广道御史。他为人清廉耿直，勤政为民，据说"曹无滞牒"。六年后，出任江西按察佥事，后改任河南、云南，清慎不渝，有政绩，受到皇帝"玺书旌异"。当要离任回京时，云南的土司纷纷赠金相送，都被他回绝了。有人劝他还是接受算了，他说："我为官二十年，严守风纪，享有常禄，犹恐不称职，哪敢改节呢？"成化二年（1466年），转任山东副使，他仍然廉洁奉公，勤于政事，"食少事繁"。由于操劳过度，才四十多岁就头发尽白，于是辞职回家，终年五十八岁。因为清廉，死后无钱办丧事，士林人无不称赞他。

郑士忠，字廷献，西乡人。自幼聪颖过人，邻居都认定他今后可以成就一番事业。二十岁弱冠之年，娶妻方氏。一切从简，穿着古朴的士绅服。成化二十二年（1486年）以《易经》丙午科乡试中举；弘治三年（1490年）登庚戌科钱福榜第三甲进士，被朝廷授浙江丽水县知县。为官时质直刚方，对欺压百姓的恶霸乡绅严厉打击，廉正自持，拒绝乡人为了感激而送的馈金。为官时从不结党营私，闭门不出，即使是同籍，也从不讲究私情。对待乡邻友爱有加，是一个受人爱戴的人。

郑文光，南山向南人，由行伍授大鹏营千总。素骁勇，善骑射，康熙五十三年（1714年）从征安南（今越南），屡有功勋奇绩。后因深入丛林之中迷路，仍然奋勇力战，受伤阵亡。康熙五十七年（1718年），朝廷下旨，以其子鸿承袭恩骑尉。

大涌郑殿生妻黄氏，曾割股肉和药治好其姑之病。海匪流劫乡村，黄氏被掳，跳海而死。数日，其尸漂回，殓尸时乡人惊悉其割股肉和药之事，顿肃然起敬。后其子郑佐官至鸡洲营守备，孙郑瑞官至福建安平协副将，曾孙郑廷枢则官任江苏沭阳县知县。

郑道鸿，福源乡人，清道光五年（1825年）举人，诰封通奉大夫。其长子郑藻棻，咸丰五年（1855年）副贡，官至恭城县知县、新宁州知州、南宁盐捕府（知府下面专管盐务的同知）。

［祠堂］

南头郑氏宗祠位于深圳市南山区大新街道北涌下村升平里18号，始建于明代，为南头郑氏五大房三房裔孙所建，近期维修是在1982年5月。现存建筑主体结构为清代风格，坐东面西，建筑面积358.4平方米，为三开间三进深带塾台的砖木结构，属广府式建筑。后堂供奉开基先祖郑南莆及其夫人和五个儿子。祠堂墙壁上有《养子不得入宗祠以乱宗派》碑，清乾隆五十八年（1793年）立。1926年曾是当时中共宝安县委和农民协会所在地。2003年，南山区政府将其列为文物保护单位。堂号为经畲堂，用于纪念祖宗与畲族联姻的事迹。

　　南山郑氏宗祠位于深圳市南山区南山街道向南村西街，面阔 12.4 米，进深 45 米。有前堂、中堂、后堂和前后两天井及其左右廊等。大门两侧有塾台，门额石匾刻"郑氏宗祠"四字。左右廊为穿斗式梁架结构。中堂保留有明代八角石柱及柱础各三对，为前后檐步五架抬梁式梁架，有简单壁画、雕花檐板和梁架雕刻等。后堂保留有明代石柱和柱础一对，为前后檐步五架抬梁式梁架，有简单壁画、檐雕和梁架雕刻，正中石嵌"荥阳堂"。

[祖墓]

　　郑朝奉墓在南头光前村庵前席帽岭。清康熙《新安县志》载："郑朝奉墓，在庵前席帽岭。宋治平间，官于朝；熙宁三年，徙居宝安。其子朝议大夫墓，在龙井虎形山；孙宣教郎，生五子：仁、义、礼、智、信。今子孙蕃衍，其墓在黄田，名曰浮坟。"后该地因挖山取土被毁，后裔在其子郑帽庵墓侧建亭纪念之。

　　郑帽庵墓位于南头光前村席帽岭南坡。据南头《郑氏族谱》载："二世帽庵祖，柏峰祖之子，宋朝议大夫，葬于庵前村后席帽岭，坐子癸向午丁之原。"该墓曾于"文化大革命"期间被毁，1994 年重修，仍保留有宋代的墓前华表等，系岭南墓葬中罕见的重要文物。2003 年 2 月，郑李夫妇合葬墓被南山区政府公布为首批区级文物保护单位。2008 年春，郑李夫妇合葬墓又修葺一新，增建碑亭、围墙、台阶，重立北宋墓表，恢复了千年古迹。

塘尾邓氏

　　塘尾村位于福永街道办西北部，坐落于珠江口东岸。东北与沙井万丰村接壤，西接福永和平村，南接福永桥头村，北与沙井大王山、马鞍山毗邻，东南临福永立新水库，距街道办事处约 5 千米。国道 G107、县道宝安大道、乡道凤塘大道皆经过本村。因这里是沙井的众蚝塘的尽头而得名。锦田（今属香港）邓氏四世祖益逊自屏山迁至邓家蓢村，再迁到塘尾。

[溯源]

　　塘尾邓氏系出南阳，为高密侯邓禹之后，原居江西、福建等地。邓汉黻，江西吉安府吉水白沙乡人，宋初为承事郎，宦游入粤，乐粤俗淳朴，于开宝六年（973 年）卜宅于东莞锦田（今属香港新界）。

　　邓符协，字符，江西吉水人，北宋熙宁二年（1069 年）进士，官任广南东路阳春令。其在赴任途中到过屯门山，慕名去当时著名的桂角银场游览，对那里的风水很感兴趣，离任后便携带家小迁居岑田（锦田）村，购置田园，建造南北两个围屋，并把曾祖、祖父、父亲的坟墓也迁葬于新界的元朗、荃湾等处。邓符协的最大建树是创办力瀛书院，建造藏书楼，并在此讲学。生二子：长子邓阳，由岑田迁居福容里，即今东莞福隆；次子邓布，宋承直郎。

邓阳生一子：珪。珪生二子，长子元英，次子元禧。邓布生一子：瑞。邓瑞生三子：长子元祯，次子元亮，三子元和。邓元英之后分居东莞的温塘、竹园、南街、鲤鱼石、羊田沥等处；邓元禧居福隆；邓元祯分居屏山、白蚝、白岗、白石、塘尾；邓元亮居岑田；邓元和居东莞怀德。是为该族之五大房，建"都庆堂邓氏大宗祠"于东莞城南门。

一世祖邓元祯，邓瑞长子，生一子，名从光，南宋时，自岑田迁居屏山，是为屏山房始祖。其后，子孙繁衍，遂分居坑尾、坑头、塘坊、新村、桥头围、洪屋、灰沙围及上章围等村及屏山市。

一世祖邓元亮，名铣，邓瑞次子。宋承务郎，为赣县令。建炎三年（1129年），金人南下，邓铣起兵勤王，护卫隆祐太后等于虔州，在战乱中救了宋室公主，并将她带回东莞。皇姑赵氏为宋高宗之女，因战乱流落民间，下嫁雁田邓氏先祖邓惟汲为妻。邓惟汲与宋室公主隐居岑田庄舍，生四子：长子林，次子杞，三子槐，四子梓。绍兴年间，邓惟汲先卒，南宋光宗皇帝追封其为税院郡马，赐祭田六顷以及东莞地区的山场饷渡等。

一世祖邓元和，邓瑞三子，居怀德。

二世祖邓从光，字万里，邓元祯之子，生二子：长子颢，传四世失传；次子建页。

三世祖邓建页，邓从光之子。生一子：志远。

　　四世祖邓志远，邓建页之子。生三子：长子冯逊，次子益逊、三子奇逊。

　　五世祖邓冯逊，邓志远长子，生一子：天兴。

　　五世祖邓益逊，邓志远次子，迁居白岗（今塘尾聚源工业区）。娶廖氏，生一子：光大。

　　五世祖邓奇逊，邓志远三子，生一子：天佑。

　　六世祖邓天兴，邓冯逊之子，生四子：长子彦通，次子彦祥，三子彦成，四子彦章。

　　六世祖邓天佑，邓奇逊之子，生一子：文政。

　　六世祖邓光大，邓益逊之子，生三子：长子勤可，次子敬可，三子宗可。

　　七世祖邓勤可，邓光大长子，居白濠。

　　七世祖邓敬可，邓光大次子，居白石。

　　七世祖邓宗可，邓光大三子，立村白岗，以务农养鸭为生。生一子：缵承。

　　八世祖邓缵承，邓宗可之子，生一子：汲明。白岗村的大姓为陈，邓氏处处受人欺负，邓汲明迁居塘尾，投奔塘尾林氏。邓汲明特地把名字改为"逸林"，谐音"亦林"。"亦"是"腋"的本字，《说文》："亦，人之臂亦也。""亦林"的意思是愿为林氏的左膀右臂。从此，邓氏与塘尾林氏世代结成姻亲集团。

　　九世祖邓汲明，邓缵承之子，生三子：长子茂祥，次子茂容，三子茂宽。这是塘尾三大房。

　　十世祖邓茂祥，邓汲明长子，生二子：长子颙文，次子颙礼。

十世祖邓茂容，邓汲明次子，生二子：长子颙满，次子颙金。

十世祖邓茂宽，邓汲明三子，生一子：颙义。

十一世祖邓颙文，邓茂祥长子，生四子：长子真，次子珵，三子保，四子昌瑞。

十一世祖邓颙礼，邓茂祥次子，生一子：源泉。

十一世祖邓颙满，邓茂容长子，生二子：长子月明，次子东明。

十一世祖邓颙金，邓茂容次子，生一子：启明。

十一世祖邓颙义，邓茂宽之子，生一子：清霖。

十二世祖邓真，邓颙文长子，生一子：江秀。

十二世祖邓珵，邓颙文次子，生二子：长子江汉，次子江润。

十二世祖邓保，邓颙文三子，生一子：江泓。

十二世祖邓昌瑞，邓颙文四子，生一子：江清。

十二世祖邓源泉，邓颙礼之子，生二子：长子震，次子霍。

十二世祖邓月明，邓颙满长子，生一子：世隆。

十二世祖邓东明，邓颙满次子，生一子：澄溪。

十二世祖邓启明，邓颙金之子，生一子：隆岗。

十二世祖邓清霖，邓颙义之子，生一子：云桥。

十三世祖邓江秀，邓真之子，生二子：长子北山，次子顺耕。

十三世祖邓江汉，邓珵长子，生一子：顺营。

十三世祖邓江润，邓珵次子，生一子：顺耀。

十三世祖邓江泓，邓保之子，生一子：同善。

十三世祖邓江清，邓昌瑞之子，生一子：顺调。

十三世祖邓霍，邓源泉次子，生一子：南苑。

十三世祖邓世隆，字乔松，邓月明之子，生七子：长子瑀，次子琼，三子珩，四子瑞，五子琚，六子瓘，七子璋。

十三世祖邓澄溪，邓东明之子，生三子：长子惟则，次子云谷，三子德彰。

十三世祖邓隆岗，邓启明之子，无子，世隆七子璋出嗣。

十三世祖邓云桥，邓清霖之子，生二子：长子成周，次子岐周。

[祠堂]

邓氏宗祠位于深圳市宝安区福海街道塘尾社区，始建于明朝，重修于 20 世纪 80 年代初，1993 年再次重建。占地 500 平方米。三开间三进深两天井四廊房布局，砖木石结构，清水砖墙，硬山、两面坡、覆盖灰瓦、琉璃瓦剪边、正脊垂脊都有博古装饰，前有塾台，其后堂用于祭祀祖先。宗祠大门对联为"东汉启勋名，南阳承世泽"。

[祖墓]

邓益逊墓位于深圳市宝安区沙井街道万丰社区大钟山北坡，墓葬朝向正北。前部为半圆形拜台，直径 6 米，中间为三级矩形案台，后部为近圆形祭台，南北进深 2.5 米，东西宽约 2.7 米。墓葬总进深约 9.4 米，宽约 6 米，祭台后部中间有清乾隆九年（1744 年）末重修墓碑。

下沙黄氏

　　下沙村原有 6 个自然村,即东涌、大围、村仔、新村、东头、蚝壳墩等,而以东涌村最为古老,清康熙《新安县志·都里·官富司管属村庄》就有记载。下沙村、上沙村的黄氏同宗共脉,他们对祖先的祭祀习俗已绵延 800 多年。下沙村黄氏的祭祖习俗在 2011 年还入选国家级第三批非物质文化遗产保护名录。每年元宵,下沙村和上沙村的黄氏后裔从世界各地返回祖地,举行隆重的祭祖仪式,燃香烛,放鞭炮,拜祖先,诵祖训,舞龙狮,演大戏,吃盆菜。其中以 2002 年春祭最为隆重,盆菜宴达 5319 席,赴宴人数达 6 万余人。

[溯源]

　　下沙黄氏是唐代工部侍郎、奎章阁学士黄峭山的后人。黄峭山,名岳,字仁静,号青冈,锡公长子,唐懿宗咸通十二年（871年）四月十五日戌时生于邵武和平。峭公以儒士仗义,集乡勇御寇有功,被陇西郡王李克封为千户长,后授工部侍郎。后辞官回归邵武南乡昼锦里,创办和平书院培育人才。后周太祖广顺三年（953 年）

十一月初四日辰时，公82岁无疾而终，葬于和平鹳薮黄家林。公娶三妻，各生七子：上官氏生和、梅、荀、盖、楚、龟、洋；吴氏生政、化、衢、庐、福、林、塘；郑氏生发、潭、城、延、允、井、层。据清乾隆五十四年的《重修族谱序》记述：广顺元年（951年）元旦，为避免兄弟相煎、祸起萧墙，黄峭山召集姻亲安排家事，将家产分成21份，三房各留一名长子，其余18个儿子各带家产一份及《黄氏家谱》，自行外出谋生，开枝散叶，并写下"骏马堂堂出异方，任从随处立纲常。年深外境犹吾境，日久他乡则故乡。朝夕莫忘亲命语，晨昏须念祖宗香。惟愿苍天垂庇佑，三七男儿总炽昌"。如今《骏马》诗已成为黄氏后人相认的"密码诗"，海内外黄氏凭此诗可相认并知晓辈分。

始祖名忠，又名清，字文志，号通理。生于南宋绍兴二十九年（1159年）正月初五日，淳熙十三年（1186年）丙午科进士，初授选编修，后任严州参军、迪功郎，端平元年（1234年）授御史大夫。娶金氏、吴氏、刘氏，生二子：长子金堂，次子默堂。终于南宋嘉熙元年（1237年），享年78岁。黄忠携子金堂（后裔居上沙、福田）、默堂（后裔居下沙、上梅林），于宝安创基立业。

一世祖黄金堂，又名左兄，黄忠长子。定居沙头椰树下（今上沙村）。金堂官至儒林郎，娶吴氏，生四子：长子郁孙，次子昭孙，三子德孙（迁油田、关口之祖），四子酉孙（迁福田之祖）。今深圳福田上沙村、福田村和香港新界油田村等地的黄氏皆为其后裔。

一世祖黄默堂，名先觉，又字右叔，黄忠次子。生于淳熙九年（1182年），入国学，授提举常平司。广种善果，勤创家园，教子训孙，寿六旬有五，留颂西归。卒于淳祐八年（1248 年）。娶谢氏，生六子：长子信孙；次子顺孙；三子仲孙；四子善孙；五子景孙，字中明，派止；六子秉孙，字中行，派止。黄默堂为沙头东涌村的开基始祖。

二世祖黄信孙，字中通，黄默堂长子，生一子：南隐。

二世祖黄顺孙，字中立，黄默堂次子，生一子：石，留居东涌村。

二世祖黄仲孙，字中建，黄默堂三子，生二子：长子仁正，次子仁端，乃迁梅林之祖。

二世祖黄善孙，字中锐，黄默堂四子，生一子：原鼎。

三世祖黄南隐，号约，黄信孙之子，生一子：居用。

三世祖黄石，号秋崖，黄顺孙之子，生一子：敏政。

三世祖黄原鼎，黄善孙之子，生一子：以道。

三世祖黄仁正，黄仲孙长子，生一子：以常。

三世祖黄仁端，黄仲孙次子，生二子：长子庚全，次子德常。

四世祖黄居用，黄南隐之子，生一子：苍海。

四世祖黄以道，黄原鼎之子，生一子：省。

四世祖黄敏政，黄石之子，生一子：处安。

四世祖黄以常，黄仁正之子，生一子：戊缘。

四世祖黄庚全，黄仁端长子，娶龚氏，生一子：可得。

四世祖黄德常，黄仁端次子，生一子：秉安。

五世祖黄苍海，黄居用之子，生三子：长子受章，次子复庚，三子友庚。

五世祖黄省，黄以道之子，生二子：长子子立，次子子与。

五世祖黄处安，黄敏政之子，生一子：大鹏。

五世祖黄戊缘，黄以常之子，生一子：福安。

五世祖黄可得，黄庚全之子，娶叶氏，生三子：长子授兴，次子仲兴，三子晚叔。

五世祖黄秉安，黄德常之子，生二子：长子波受，次子祖受。

六世祖黄受章，黄苍海长子，生一子：鲁参，派止。

六世祖黄复庚，黄苍海次子，生二子：长子鲁斑，绝；次子三弟。

六世祖黄友庚，黄苍海三子，生一子：鲁坚，幼亡。

六世祖黄子立，黄省长子，生一子：晚山。

六世祖黄子与，黄省次子，生一子：乌佬。

六世祖黄大鹏，黄处安之子，生一子：永昌。

六世祖黄福安，黄戊缘之子，生二子：长子信卿，派止；次子顺卿。

六世祖黄授兴，黄可得长子，娶绍氏，生一子：曰成。

六世祖黄仲兴，黄可得次子，生一子：曰默。

六世祖黄晚叔，黄可得三子，生三子：长子曰信；次子曰明，派止；三子曰悌。

六世祖黄波受，黄秉安长子，生一子：志善。

六世祖黄祖受，黄秉安次子，生二子：长子壬斋，次子壬举，俱派止。

七世祖黄三弟，黄复庚次子，生二子：长子斌，次子季安，俱失。

七世祖黄晚山，黄子立之子，生一子：真。

七世祖黄乌佬，黄子与之子，生一子：亚奴，派止。

七世祖黄永昌，黄大鹏之子，生一子：菊坡。

七世祖黄顺卿，黄福安次子，生一子：祖安，派止。

七世祖黄曰成，黄授兴之子，据说被推举为粮长，运粮到京师而卒。娶邓氏、袁氏，生二子：长子存誉，次子实。

七世祖黄曰默，黄仲兴之子，生一子：杨卢，派止。

七世祖黄曰信，黄晚叔长子，生二子：长子鲁，次子旧，俱派止。

七世祖黄曰悌，黄晚叔三子，生一子：颢。

七世祖黄志善，黄波受之子，无子。

八世祖黄真，黄晚山之子，从戎雷州，派止。

八世祖黄菊坡，黄永昌之子，娶刘氏，生二子：长子石铭，次子思铭。

八世祖黄存誉，黄曰成长子，生一子：观礼。

八世祖黄实，黄曰成次子，娶廖氏，生三子：长子绍基，次子绍业，三子绍迹。

八世祖黄颢，黄曰悌之子，生三子：长子蛮，次子辇，三子轼。

九世祖黄石铭，黄菊坡长子，娶陈氏，生四子：长子震，次子云，三子霖，四子雷。石铭房传到十四世祖黄国通、黄国佐、黄亚三、黄亚保，迁南头恩德铺。

九世祖黄思铭，黄菊坡次子，娶刘氏，生四子：长子蕙，次子兰，三子葵，四子藿。

九世祖黄观礼，黄存誉之子，娶蓝氏，生二子：长子佑，次子禧。

九世祖黄绍业，黄实次子，生一子：启龙。迁居南头，再迁上川房。

黄思铭公世祠位于福田区沙头下沙东涌村，为纪念第九世祖黄思铭而创建于明代晚期。历代皆有维修，为三进三开间二天井宗祠式建筑，宽14米，进深43米，建筑面积602平方米，气势壮观，布局严谨。

[人物]

黄石，号秋崖，敕赐迪功郎，宋淳祐十二年（1252年），以《礼记》领乡荐（中举人）。七年后，于开庆元年（1259年）题名己未科第三甲，为深圳史上最早的进士。初任梅州程乡主簿。生一子：黄敏政。黄石《失题》诗曰："两峰夹峡水中流，梅自成阴草自幽。石脚凿开千古路，泉声砍破万年秋。山高日出登天近，路险惊疑踏地浮。几阵白云飞出岫，倍成人物醉添愁。"此诗是沙头下沙黄氏长老们所回忆出来的诗，题目已失记。从诗词内容看，应是游梅关古道有感，表现出诗人的远大志向和对国家的担忧。

黄石平生行迹，一见清瑞麟等《广州府志》《金石略六》载：新会县崖门奇石对岸的黄涌村，有一高数十丈的石壁，上有山水图一幅，下横书"宝安黄石来"五大字，似颜鲁公行书，深入石中寸许。这可能是宋末时，黄石曾随宋帝行营驻扎于此留下来的石刻。黄石还有一首《勉子》诗对宋末的情况写得很贴切："亲在从来不远游，除非不已坐沙头。北堂更冷频调养，南麓春回遇早秋。我去只知为国计，而归宜为处家谋。一门忠孝须全在，莫学盼贤习下流。"黄石为了护卫宋室，抗击元军，此去只知为国尽忠。为了家乡的亲人，他将自己唯一的儿子黄敏政送回家乡尽孝，于是写下此诗勉励儿子，体现了黄石爱国思乡的真挚感情。

黄志善，才而敏，勇而健，元统年间，四海鼎沸，群雄风起，跟从郑闰卿起义，保卫家乡。郑闰卿败亡，他投奔东莞伯何真，为先锋大将军。

尘昂大师（？—1732年），下梅林人。黄敬韬之子。法名今但，号尘异，丹霞第二世，曹洞宗第三十五世，函昰天然和尚第九法嗣。少年出家，礼函昰为师，掩关于罗浮华首台寺，函昰作《送尘异掩关》诗有句云："祖德于今坠，天龙舍汝谁。"对其寄予很高的期望。康熙十六年（1677 年），在番禺雷峰山海云寺接法，成为函昰天然的第九法嗣。主法华首台达数十年之久，博学工诗，声播南粤，许多学者名流接踵前往罗浮山探访，如"岭南三大家"的屈大均、陈恭尹、梁佩兰。潘耒、顾嗣立、杨应琚等都曾与他诗文交往。康熙五十三年（1714 年），将本师天然和尚的全身塔从丹霞山迁往罗浮山梅花之庄。当时别传寺的住持古奘和尚奉天然和尚的衣钵重葬，并刻碑记事。雍正六年（1728 年）正月，他接任丹霞山别传寺住持，此时他已七十多岁。雍正十年（1732 年）十一月初一日，年逾八十的今但和尚退院，于当月二十六日圆寂。其嗣法弟子古如密因和尚为其建塔于罗浮山华首台之西溪，至今塔墓犹在。今但著作传世甚少，《罗浮名峰图说》已失传，仅剩偈一、诗数首而已。据嘉庆《新安县志》记载：有一年，大师的弟弟从梅林去看他，带了一筐自家种的瓜。他将瓜一一查看才收下，其中有一个瓜，始终不肯收下，并且说："这个瓜不是出家人能吃的。"弟弟觉得奇怪，但是不敢当面追问他。回到家里，弟弟将此事告诉众人，众人都百思不得其解。弟弟就到摘瓜的田里去，细细查看一番，才知道原来有一根瓜蔓是从别人家的地里长过来的。大家都十分佩服大师的神奇。

[祠堂]

黄思铭公世祠位于福田区沙头下沙东涌村，为纪念第九世祖黄思铭而创建于明代晚期。历代皆有维修，为三进三开间二天井宗祠式建筑，宽14米，进深43米，建筑面积602平方米，气势壮观，布局严谨。另有附属建筑陈杨侯古庙，也建于明代，道光十一年（1831年）重建，为深圳仅见。均为深圳颇具特色的古建筑。堂号为念恭堂。

［祖墓］

黄金堂与吴氏合葬于敞口岭（土名，在涧上村后，坟曰沙鳌坐），后因建设需要，迁建福田区莲塘尾。

黄默堂葬于福田区莲花山莲花地，墓为花岗岩石墓，是名副其实的宋淳祐八年（1248年）的石墓。墓碑呈塔形，应是半塔半墓，碑文刻"默堂黄居士塔"。这座塔形墓融民俗文化与佛教文化于一体。传说黄默堂的墓，原是给原配谢氏挑的，地形名"莲花地"。因担心女人坐莲花，后代会出风尘女子，后来就葬了黄默堂，据说男人坐莲花旺丁。1998年该墓被定为市级文物保护单位，2002年被定为省级文物保护单位。

皇岗庄氏

据传说，南宋最后一个幼帝在枢密使张世杰率大军拥立下，退守广东新会崖山海上时曾在此地停留，故起名皇岗。但是根据皇岗人自己的深入考证，查实这里早期名为"黄冈"。深圳一带的地名多按地形地貌而取，当年这片海滩地旁边有个黄土山冈，故名"黄冈"。清康熙二十七年（1688年）的《新安县志·地理志》津梁条载："白石渡，同黄冈渡，邓洪仪税渡。"当时的皇岗村南有一个横水渡叫"黄冈渡"。由族谱与县志的记载可见，"黄冈"一名清清楚楚。英人于清同治五年（1866年）绘制的《新安县全图》上，皇岗的位置上写着"黄岗"，也是一种证明。后有一种说法，言龙船岭、求雨岭、打石岭、元岭仔连成山脉形似凤凰，故称"凰岗"，邻近的岗厦村曾名为"凤岗"。后因清末时期曾与岗厦有隙，不愿"凤"在"凰"之上，便去掉"凰"字的"几"字头，取名皇岗，一直沿用至今。据皇岗《庄氏族谱》记载，庄氏明六世祖，"润，迁于黄冈之乡"，庄润便是皇岗的立村之祖。

[溯源]

庄氏宗族自庄世光始居杭州，随着南宋无法偏安江左一隅，在元军的进攻下节节南退，宋亡之后，散于广东东莞一带。至明宣德年间，庄籽迁居广东阳江县，庄登迁居广东福水，而庄润（字顺斋）则携带家眷踏足皇岗。至此，数度辗转的庄氏后代终止了他们疲倦的行程。

太祖庄世光，名荣，系锦绣堂三朝元老庄夏的后裔，仕宋朝，为县丞。宋高宗南渡之时，从帝驻驿杭州。娶京氏，生三子：长子名敬德，二子名敬仁，三子名敬义。

一世祖庄敬德，生于南宋嘉泰四年（1204 年）五月初十日，卒于德祐元年（1275 年）九月初八日，享寿 72 岁。好学有为，年轻时从政仕宋，由杭州至广东，官居广东提督军马。元兵挥戈南下之际，协助文天祥备兵于赣上，将家眷迁至广东东莞咸船澳，并率兵镇守江西，多次与元军交锋，"铁马渡河风破肉，云梯攻垒雪平壕"，立功无数。妻瓜氏，生三子：长子元礼，次子元智(后裔居番禺龙潋村)，三子元信（后裔居观澜）。夫妇合葬于东莞将军帽山岭。

二世祖庄元礼，庄敬德长子，字宗文，娶叶氏，生四子：长子庄兴，次子庄仲舆，三子庄季舆，四子庄善舆。

三世祖庄兴，庄元礼长子，字孟舆，娶妻罗氏，生二子：长子庄恭，次子佛宁。

四世祖庄恭，庄兴长子，字克敬，号蒙斋，仕柳州儒学训导，调南昌府丰城县儒学教谕，后升林寺监正。娶水贝陈氏，生三子：长子籽（迁阳江），次子登（迁福永），三子润（迁皇岗）。

五世祖庄润，庄恭三子，字顺斋，携眷自广东东莞咸船澳迁至皇岗。妻龙氏，生一子：懋仁。

六世祖庄懋仁，庄润之子，娶欧氏，生一子：南园。

七世祖庄南园，娶一妻一妾，皆为梁氏。妻梁氏生有五子：长子绍韬（后裔部分居龙岗爱联新屯），次子绍略，三子绍祖，四子绍宗，五子绍裔。妾梁氏生有一子：孔文。分支六房。

自庄南园起，皇岗庄氏开始立围建村，辟良田，耕稻米，由以海上捕鱼晒盐为生逐渐转为农耕谋粮。耕种的土地多在深圳河的北面，也有过河辟地耕种的。兄弟六人长大成人后，各有所传，人口众多，开始从老围原址（今水围所在地）分居成水围坊、大围坊、上围坊、吉龙坊（吉龙坊现已全部拆除改建成皇岗博物馆）等四坊。因为整个四坊拱围倚踞黄土岗(今皇岗公园的山峦)而统称为"黄岗"。后来，因为种种缘由，另一部分居住在深圳河对岸落马洲的族人与一部分居住在皇岗的文氏族人两相对换，各与自己的同姓族人合并在一起。从此，皇岗村一概姓庄，绵延数百年，绝无他姓宗族介入。

[人物]

庄元礼，饱读诗书，行文赋诗激越流畅，似有庄子遗风，骨子里有种天生的执拗耿介。看破乱世，无意仕进显达，却喜开学授徒，解私囊，募义捐，有许多人追从，亦出了不少得意门生。庄元礼后来沉迷于天文地理之学，离家外出云游，不知所终。

庄兴，字孟舆。出生于元统三年（1335 年），自幼聪明好学，才华出众，颇得父亲庄元礼喜爱。待他长大了一点之后，庄元礼对他说：

"如今乱世时期，依我看还是文化教学比较稳妥。你不如学做文章，从事笔墨工作，也好有个养家的资本，不然的话，你靠什么来生存呀！"当时，正是元末，四方骚乱，社会动荡不安。庄兴素有宏图大志，见天下纷乱，强寇蜂起，百姓处于水深火热之中，正需要拯难救苦的英雄豪杰，便有心闯一番事业。但他跟随父亲多年，深受父亲的影响，不敢违抗父命，便遵从父愿仍行执教之事。

当时，有一个东莞人，名叫何真，曾是元朝资德大夫、行省左承。他听说了庄兴的才

◀

深圳一带的地名多按地形地貌而取，当年这片海滩地旁边有个黄土山冈，故名"黄冈"。图为皇岗庄氏宗祠。

干,慕名前来求贤,一见心头大喜。庄兴不仅满腹经纶,风度儒雅,举止脱俗,而且从他那神采奕奕的面庞上透出一股逼人的力量,凝聚着善良宽容和凛然正气,使见到他的人不得不心生敬畏。这种人分明是心存鸿鹄之志,既能独善其身,又能兼济天下的。这个发现使何真激动起来,几经说服,庄兴才答应放弃教职,跟随何真之子华祖镇守笋岗。庄兴出山之后,日夜不厌其烦地给华祖灌输仁德思想,拳拳忠义之心溢于言表。笋岗一地是有名的穷山恶水,民风悍暴,常常因出言不逊即引发斗殴动乱,有一次竟惹怒了华祖。华祖想出兵镇压,庄兴听说之后,连忙赶去劝止。元灭之后,明太祖朱元璋坐稳江山。庄兴辞别了何真父子,回乡隐居。陆续有朝廷命官前来相请其出山,皆被其婉言谢绝。后因病逝世,享年 48 岁,葬于当地花园岭。入葬之日,方圆十里的乡亲皆前来相送。

庄恭,年少懂事,父亲庄兴仙逝之时他只有 16 岁,却能按礼教葬祭,主持家事。之后,他发奋学习,周游各地,增广见闻,长进知识。明洪武二十九年(1396 年),庄恭参加科举考试得中,被任命为柳州儒学训导,再调任广西恭城县儒学教谕,后转升江西南昌府丰城县学教谕。洪武三十年(1397 年),庄恭上奏朝廷筹建本乡文庙。永乐初续编地方志,并开始编写家谱和县志。后来,庄恭晋升为林寺监正,任满十年。宣德五年(1430 年)九月初三日,为学一生的庄恭在家中寿终正寝,享年 65 岁。

新洲简氏

自从明代中期简南溪在新洲开基立村后，其子孙后代一直在新洲村聚居开发了差不多 200 年。直到清康熙元年（1662 年），朝廷为了镇压郑成功的反清复明斗争，实行清海迁界，派军队强逼沿海民众内迁五十里，新洲村民尽在被驱赶之列，房屋全被军队放火烧光，村民流落于道途。不少人家妻离子散，家破人亡。直至康熙八年（1669 年），重新恢复新安县，简氏族人才得以逐渐返回。但也有部分简氏后裔从此定居他乡。其中十四世祖存凤定居于宝安县北头坊，这一支据说是简南溪次子简存泰的后裔；十五世祖振千居黄贝岭；十八世祖行中去了湾下村；同为十八世祖的裕中则到玄武坊安身。到了清朝中晚期，一些简氏后裔开始到国外谋生。现在，留在新洲村的简氏族人仅一千余人，而侨居海外的新洲籍简氏后裔却达到三千多人，分别生活于美国、英国、新西兰等十多个国家。

[溯源]

根据广东东莞系《简氏族谱》记载，山东济南府有一支简氏，南宋年间，其后裔中有一位叫简朴的，字德纯，号愚溪，到江西南康军任通判，授朝请郎。宋朝时的南康军，并非现在江西赣州南面的南康市，而是位于庐山脚下、鄱阳湖边上的庐山市。当时的"军"近似于府、州一级建制，通判在南宋时是会同主官处理政务并负责监察官吏的一种官职，实权较大。

简朴娶妻李氏，生一子：简季。简季从江西继续南迁，来到广东东莞罗村定居，简季的后人世居东莞，代代相传。传至第七世简用霖时，又生有一子，叫做简南溪。

据《粤东简氏大同谱》记载：简南溪"明代由东莞县罗村迁新安县新洲乡，今新安改名宝安，世居如故也"。至1928年编印《粤东简氏大同谱》时，南溪系在新洲已"传二十六世"。简南溪先到现在深圳市罗湖区的黄贝岭，然后又从黄贝岭迁至新洲村。

一世祖简南溪，号君理，初到新洲之时，以晒盐为生。当时的新洲还是一片荒山野岭，据族谱上记载，此地豺狼、野狗成群结队。娶杨氏，生三子：长子存长，次子存泰，三子守诚。人口一多，光靠晒盐就不行了，于是一家人又开始垦荒造田，种植番薯、水稻及水果、蔬菜，逐渐过渡到以务农为主。因为靠近海边，农闲时也去海上打鱼。以年例恩授冠带。南溪与夫人杨氏的合葬墓位于黄贝岭，亦名大头岭。

二世祖简守诚，简南溪三子，生四子：长子本传，次子本进、三子本宏，四子本廉。

除次子本进无后代，其余三个儿子都有子嗣。如此子孙繁衍，在新洲就逐渐形成了一个家族聚居的村落，村民最多时曾达到2000多人，分成了四个自然村：祠堂村、中心村、南村和北村。

简秉中，新洲简氏十八世祖，在清道光十一年（1831年）被朝廷赐以九品顶戴。

简福安，新洲简氏二十一世祖，原名重兴，字诚泰，由军功升任左营。

简銮墀，新洲简氏二十二世祖，原名镇华，字献瑞，号泰三。清光绪年间，以文学冠军补邑庠生，即进入县学学习，也就是中了秀才。现在新洲村的老人中还流传着"简泰三，中秀才"的顺口溜。

简龄祥，新洲简氏二十二世祖，原名敬寿，字云猷，号松芝，在清光绪年间被朝廷授予同知职衔。

[祠堂]

简氏宗祠坐落于新洲祠堂村，为三进三间二天井，带两侧廊房布局。面阔12.65米，进深32.05米，占地面积405平方米。沿中轴线依次为带两侧塾台和塾间的门堂、前天井、砖木结构牌坊、后天井和祖堂。在前、后天井之间建有牌坊。祠堂的建筑主体为砖木结构，四周墙体用青砖砌筑，清水墙外墙面，辘筒灰瓦屋面，绿琉璃瓦剪边。正脊平直，中段雕绘有龙、鱼、狮、鸳鸯等彩色图案，两端做博古饰，各有一彩色陶制鳌鱼，尾部上翘。垂脊的下部各有一黄色琉璃狮子做装饰。两侧山墙有博风灰塑。后堂正中供奉简南溪的牌位。祠堂建于清嘉庆六年（1801年），光绪二十九年（1903年）重修，1992年再次修葺。

沙尾莫氏

　　沙尾位于福田区南部，紧邻后海，西有上沙，东接石厦。该村大约建于元末明初，村民由莫、温、梁、欧等姓氏构成。其中莫、温两姓人口稍多，各有二三百人，而梁、欧两姓人口则较少。自建村以后，直至深圳经济特区成立前的几百年间，村民一直以半农半渔为业，其中温姓以渔业生产为主，梁、欧两姓则主要种植水稻，从事农业生产。而莫氏曾经有过一段半农半渔的生产历史，其渔场位于深圳东部的大亚湾一带海面，后来也转为以农耕为主业，逐渐放弃了渔业生产。

[溯源]

　　据《沙尾莫氏族谱》记载，沙尾莫氏尊莫宣卿为太始祖。

　　莫宣卿，字仲节，号片玉，谥孝肃。父亲莫让仁，以放鸭为生，一生辛劳贫穷，博学能文；母亲梁氏，生性贤淑。莫宣卿还没有出世，莫让仁便去世了。莫宣卿为遗腹子，从小与母亲梁氏相依为命。梁氏自幼重视对儿子的教育。而莫宣卿也天性迥异，闻言即悟，过目能诵，七岁时已经熟读诗文，学会了吟诗。唐大中五年（851年），莫宣卿赴京城长安应考，一举夺魁，成为中国自科举取士以来最年轻的状元，也是两广地区第一个状元，时年仅 17 岁。唐宣宗李忱亲自赐宴，并赐锦衣一袭，以彰荣耀。莫宣卿回到故里，即奉母携眷去台州上任，不幸病逝于途中，归葬于封州文德乡锣鼓岗。唐咸通九年（868 年），朝廷敕封莫宣卿为正奏状元，谥孝肃，入祀封州乡贤祠。娶白氏，生有三子：长子莫齐，次子莫楚，三子莫晋。莫晋曾任怀州刺史。

莫宣卿六世孙莫永昌，生于北宋景德二年（1005 年），由进士任莆田县令，后升任南雄路判。退休之后，先住保昌县珠玑巷，后来迁居到广州城清风桥安度晚年。莫永昌卒于北宋元丰八年（1085年），葬于广州白云山，享寿八十有一。原配夫人李氏和如夫人万氏共生有三个儿子：长子莫愚，后来迁居番禺东涌；次子莫鲁，迁居南海新会；三子莫钝。据族谱记载，莫钝也生有三子，其中次子名叫莫违，字钜，号肖叟。这个肖叟是沙尾莫氏家族史上一个举足轻重的人物，因为他是莫氏家族迁居东莞的开山之祖。

《沙尾莫氏族谱》记载，莫违在宋绍兴年间官至朝奉大夫。原配夫人陈氏共生育了七个儿子，长子名威，以下依次为"猛""勇""韬""略""辅""弼"。他起初居莞城莫家岗，后迁居蕉利村。绍兴二十二年（1152年）莫违去世，与夫人合葬于寒溪水圣娘冈茶山围岭。因他是莫氏迁居东莞的第一人，被后来定居东莞宝安的莫氏后裔，包括沙尾莫氏，尊为一世祖。为了有别于以莫宣卿为一世祖的谱系排列，族谱上把他称为"后一世祖"。

二世祖莫威，字念一，官至广西象州武宣县令，娶妻张氏，裔居蕉利祖宅，后代分支上寺岗、何田、板桥、赤岭、蚬涌、澳口等地。

二世祖莫猛，字念二，号端四。诰封儒林郎，娶妻何氏，生一子：齐，号如一。

二世祖莫勇，字念三，配妻万氏，宦游终生。后代分居莫屋村、莫官田、高步、较杯、龙尾岗、增城新塘等地。

二世祖莫韬，字念四，配妻邓氏，裔居麻涌、东浦、莞城西、北门、博厦及番禺夏园等地。

二世祖莫略，字念五，裔居南海棚、白石、下边、板桥等地。

二世祖莫辅，字念六，一字智，别字克治，号悦东，恩奖致政大夫，配姚氏、黎氏。姚氏生一子：如德；黎氏生一子：如峒。居蟠溪水、白石凹头围、新安玉勒、博罗陈村、茶山增步、鼓镇（峡口附近）、坳头、朗厦。

二世祖莫弼，字念七，配妻李氏。裔居塘厦、上谨、大井、英村以及增城官田等地。

三世祖莫齐，号如一，莫猛之子。裔居何田，后代分支大洲、石水口、远塘、莫岭头、岭夏、火岗、清水沥、龙叫以及交趾（今越南）。

三世祖莫如德，字信夫，号三溪，莫辅长子。裔居茶山寒溪水、增步、鼓岭、白石凹、下岗、宝安、玉勒、丹竹、沙尾等地。

三世祖莫如峒，字敬夫，莫辅次子。生一子：濂，迁居虎门凹头围。

四世祖莫濂，莫如峒之子，举人，授江西吉安府吉水县知县，后又分支新安、玉勒、陈村（十四世后迁深圳玉勒、丹坑、沙尾）。

明洪武八年（1375年），肖叟九世孙、东莞城厢人莫碧州出游时，见沙尾土俗淳厚，遂携其妻子来沙尾居住，从而成为沙尾莫氏的开基之祖。

一世祖莫伯嵋，号碧州。莫碧州为宣卿公以来第十六世祖，死后葬于长流水李屋村。后人感其迁居开创之功，在村内建起"碧州莫公祠"纪念他。莫碧州原配夫人赖氏无子，继室陈氏生一子：孟颖；又继室魏氏生三子：仲颐、季颢、元显。

二世祖莫孟颖，莫碧州长子。后代世居沙尾。

二世祖莫仲颐，莫碧州次子，后代迁居南头湾厦村。

三世祖莫季颢，莫碧州三子，后代世居沙尾。

三世祖莫元显，莫碧州四子，后代世居沙尾。

此外，福田石厦村及现香港东涌莫屋村、沙江围的莫姓人口，皆为莫碧州的后裔。

[祠堂]

碧州莫公祠为三间两进一天井带左右廊庑的建筑结构，面阔10.7米，进深17.2米，占地面积184平方米。清同治二年（1863年）重修，2003年再次重修。重修后的碧州莫公祠仍保留了同治时期的风貌。青砖砌墙、石柱、木梁架、绿琉璃瓦屋面，有木雕、壁画、灰塑。祠堂大门石匾"碧州莫公祠"，落款为"大清同治癸亥年"。大门对联一副：卿贤留世泽，鼎甲旧家声。祠堂前堂的石匾、门柱、梁架、柁墩、雕刻以及祠内石阶级、天井边石等为同治时期重修时的建筑构件，大门前的覆莲花纹石柱础、鼓形石柱础及八角形石柱础则是比同治时期更早的嘉庆年间的原物。后堂正神龛两侧一副对联：沙环碧翠源远东邑绵世泽，尾绕洲川立基南山振家声。后堂右侧龛祀唐代广东第一位状元莫宣卿，神龛正中挂有莫宣卿画像。后堂的抬梁式梁架、木雕梁枋、石柱础等也是同治时期原物。

南园吴氏

　　南园村位于深圳市南山区南山街道。从前南头一带村落，吴屋（即南园村）、陈屋、郑屋最有势力，人多，获取功名者也多。这三个村都是并排而建，中间为吴屋，左边为陈屋，右边为郑屋。在民国前有"南头吴、陈、郑，打死人不用偿命"之语。

[溯源]

　　南园村的吴姓源自延陵（今江苏省常州市武进区）吴氏。周太王（古公亶父）生有泰伯、仲雍、季历三个儿子。太王有意把君位先传给季历，再由季历传给姬昌。泰伯和仲雍知道父王的心思，便决定"让国"，兄弟结伴出逃到吴地。武王灭商后，分封诸侯，仲雍的曾孙周章被封为吴国诸侯。吴国的后人以国为姓，奉泰伯为吴氏始祖。泰伯传至十九世孙寿梦，进位为吴王。寿梦有四子，唯幼子季札最贤，且博学多闻，在诸侯中享有很高的声誉。寿梦有意传位给他，但季札再三推辞，一定要让大哥诸樊继位。诸樊把延陵封给他，人称延陵季子。吴氏以季札的美德为荣，把吴氏的郡望定为延陵，祖先的祠堂都称延陵堂。祠堂对联"八闽孝子第，三让帝王家"，正是标榜祖宗德泽的。

南园村吴氏供奉的始祖是宋翰林吴洪渊。

一世祖吴洪渊，字海量，号起冈，宋翰林侍讲，后人因其官名号，遂称其为"讲书祖"。宦游广州，乐广土风俗淳美，因至东莞县恩德乡南头村等处，筑舍置产，编籍居焉。配妻黄氏、杜氏，生一子：宏子。

二世祖吴宏子，吴洪渊之子，字裕泽，号兹溪，宋授荫生吉士，配杜氏，生一子：广源。

三世祖吴广源，字灼泉，号印波，宋朝议大夫，后人因其官名号，遂称其为"朝奉祖"。配妻郑氏，生七子：长子国太，次子国用，三子国材，四子国佐，五子国间，六子国辉，七子国单。七子中，只有国间生五子，其他六人无所出，均失派。

四世祖吴国间，字振大，号即山，吴广源五子，宋儒林郎，配妻温氏、郑氏，生五子：长子凤孙，次子龙孙，三子麟孙，四子骥孙，五子骝孙。吴国间和温氏、郑氏合葬于周田莆之原。

五世祖吴凤孙，又名羽仪，吴国间长子。授冠带寿员（官府为地方一些德高望重的乡绅颁发的一种荣誉称号），娶叶氏、郑氏，生一子：吉甫，世居横龙岗西向。

五世祖吴龙孙，吴国间之次子，居南园村内塘边东向。

五世祖吴麟孙，吴国间三子，居街边东西二向。二房、三房俗称吴屋村。

五世祖吴骥孙，吴国间四子，迁居大涌乡。

▲

吴国光考中解元后，始任广西永福县教谕，
不久升任广西兴安县知县。任上剔除苛税，
开渠筑堤，济贫扶困，办学教化，规范丁粮，
以绝舞弊，多次受到朝廷嘉奖。

五世祖吴骝孙，吴国闰五子。迁居城内永盈、五通二街。

六世祖吴吉甫，吴凤孙之子，生一子：贤举。

七世祖吴贤举，吴吉甫之子，生三子：长子守成，次子守仪，三子守儒。

八世祖吴守成，吴贤举长子，生二子：长子思俊，次子思安。

八世祖吴守仪，吴贤举次子，生二子：长子应英，次子应廉。

八世祖吴守儒，吴贤举三子，生三子：长子宗汉，次子宗广，三子宗淮。

九世祖吴思俊，吴守成长子。

九世祖吴思安，吴守成次子。

九世祖吴应英，吴守仪长子，迁居大井。

九世祖吴应廉，吴守仪次子，迁居西乡。

九世祖吴宗汉，吴守儒长子，迁居大井。

九世祖吴宗广，吴守儒次子，失派。

九世祖吴宗淮，吴守儒三子，失派。

到了明朝，南园村子孙繁衍，其子孙再由南园村分支移徙到别处立村，听闻有些移到东莞、南头附近立村。香港元朗大井吴屋村、壆围村、西边村，都是从南园村分支而来。南园村吴氏分五大房，壆围村吴姓和西边村吴姓是二房子孙，大井吴屋村是三房或四房子孙。

[人物]

吴预，字少凯，号大洲，明正德十四年（1519 年）举人。嘉靖八年（1529 年）授福建邵武府推官，厘革宿弊，节省民财；嘉靖十二年（1533 年）赴都考行（考察官员行为事迹），升授柳州府同知，署思恩府事；遇事变，守孤城，运筹决策，申大义感化贼众。嘉靖十九年（1540 年）升任南京工部员外郎，卒于任，入邵武名宦祠，入新安乡贤祠。嘉靖十三年（1534 年），其父吴佑被封为文林郎、福建邵武府推官。

吴允铣，字懋集，万历三十一年（1603 年）以《易经》中癸卯科乡荐。博洽淹贯，喜扶进后学。或劝之仕，铣曰："古人不以三公易一日之养。铣有老母，菽水终养足矣。"尝自铭曰："省事为福，无欲最高。"年六十有五。

吴允诲，吴允铣之弟，字懋陈，万历三十一年（1603 年）以《书经》与兄允铣同领癸卯科乡荐，万历四十四年（1616 年）丙辰岁卒于家中。生平刚介旷达，不事藻饰。坦然翛然，人敬而畏之。居家克敦孝友，不治家产。上贤书十余年，未尝有所干谒。所居结小庐，以山水自娱，有澹台、五柳之风。

吴国光，字观光，自幼痛失父母。童年艰辛的生活，磨炼了他勤奋节俭、刻苦好学、深谙人间疾苦、立志为民办事的性格。少时就读于梯云社学。20 岁考选县学，参与新安立县事及首任新安知县吴大训与乡民耆老吴祚等议立"汪（鋐）刘（稳）二公祠"的筹建工作。万历七年（1579 年），吴国光考中解元后，始任广西永福县教谕，不久升任广西兴安县知县。任上剔除苛税，开渠筑堤，济贫扶困，办学教化，规范丁粮，以绝舞弊，多次受到朝廷嘉奖。吴国光性格坦荡，风骨傲直，对黎民关爱，对骄吏鄙夷，由此触怒了权贵，被降调至福建泉州府任教授。不久，吴国光又升任浙江乐清县令。问政期间，坚持原则，不惧豪强，扶助贫弱，秉公办事，谢却送礼，办案慎重，处事公允，使乐清县政通人和，群众高兴。众所周知，乐清县境有一名山叫雁荡山，著名游览胜地，附近州县的官僚和权贵，纷纷慕名携眷带友前来游览。春秋踏游旺季之时，沿途可见冠盖相望，吴国光身为县令，难避迎来送往，对此深恶痛绝，决心废黜以往陈规旧习，重新简约夫役，将劳民伤财之迎来送往、奢侈公帑之歪风狠狠刹住。此举大大减轻了县衙和百姓负担，却又大大得罪了层层新贵。吴国光因此受到诽谤和排挤，最终被罢免官职，只身回到南头老家。返回家乡，吴国光受新安县令丘体乾之聘，参与纂修《新安县志》。万历十五年（1587 年）英年病逝。著有《石龙轩寓》《雁荡诸稿》等。

[祠堂]

　　吴氏大宗祠位于深圳市南山区南山街道南光社区横龙岗村，是由四世祖吴国闾五子共建，堂号为"五聚堂"。

　　吴氏宗祠位于深圳市南山区南山街道南光社区南园村，面宽13.8 米，进深 52 米，为三开间、三进深、带牌坊的建筑结构，堂号为"德馨堂"。

清湖廖氏

清湖村位于龙华区龙华街道东北部，为纯廖姓村庄，至今约
680 年历史。

[溯源]

清湖廖氏源出唐朝时江西宁都崇德一派，故属武威郡，宗祠为
崇德堂。

廖崇德，浙江松阳人。生于隋仁寿二年（602 年），唐贞观
十四年（640 年）中进士，授虔化（今江西宁都）县令，后耀升宣
州刺史。因钟情于虔化的秀丽山川、田腴产裕、淳朴民风，应虔化
百姓之邀，任满遂举家由浙江松阳县顺义乡诚信里徙居虔化。于是，此
处便成了廖氏崇德家族的发祥地。廖崇德生三子：兰阶、兰芝、兰得，袭
封武威、清河、太原三郡郡公。廖崇德是现在江西、福建、广东、广
西、湖南、四川、台湾以及南洋等地区大多数廖氏宗族的先祖。

崇德派世系为：崇德—兰芝—光尧—德隐—友福—昌信—廖仁—

福一—师元—德荣—文一—六五—宗仁—廉郎—明郎—廖坚。

一世祖廖坚，南宋庆元年间，自宁都至广东任增城县令，后立籍于西林都（今广东省龙门县王平镇）。

二世祖廖荣公，廖坚之子，生子：廖大九郎。

三世祖廖大九郎，廖荣公之子，生子：金凤。

四世祖廖金凤，字叔祥，增城长沙（今广东龙门县）人。因其母何氏梦见凤凰入舍故取名金凤。南宋开庆元年（1259年）进士。官任增城尹、长沙守、太尉、银青光禄大夫。生平敦尚俭朴孝友，轻财好施。总理军旅时，号令严明又能爱护将卒，故战绩显著，屡立战功，声望很高。后元兵迫境，宰相张世杰保幼主宋帝驻崖山时，廖金凤驻守梅关，支援崖山，百姓得以安宁。宋亡后，廖金凤隐居增城乡下，怡情山水，不愿为官。元朝几次派使者来请他参与朝政，廖金凤心如铁石，以诗辞谢。诗曰："忠君报国男儿志，谁肯为臣事两朝？天命已归覆舟日，臣求尺土卧西林。"死后，于增城龙门乡贤祠祭祀。

五世祖廖剩甫，廖金凤之子。生子：明德。

六世祖廖明德，廖剩甫之子。南宋末年，从广东龙门武乡迁居龙华清湖村，以养鸭起家，后种稻捕鱼。娶李氏、杨氏，生二子：长子光道，次子光迪。大约于元泰定二年（1325年）迁清湖，落籍主围。后与李氏葬于龙门，而杨氏葬于清湖。

随着时光流转，人口繁衍，相继形成长石围、旧围、博围、树康围、上围、清湖等自然村落。

[人物]

廖继祖，生性聪明，练就一身好本领，文武双全，品学兼优。他考武举，在三甲之内，钦点武探花。累官至兵部尚书，后来乞骸骨回到家乡。廖继祖为官三十载，厌倦了官场的你争我夺，年过半百的他告老还乡后怡情山水，性好交游，与罗浮山高士三界道人结为好友。

廖奇逢，新安县清湖人。廖奇逢大约生活在明末清初，大概是明代最后一年的岁贡。因为那时正值改朝换代、兵荒马乱，就是康熙版《新安县志》里也未记录在案，嘉庆版《新安县志》选举志里倒是将他列入明代岁贡的名单，但具体哪一年的岁贡，却没有注明。康熙十七年（1678年）任新安知县的张明达在《重修学宫记》里，提到贡生廖奇逢、邓枝芳和清河主簿胡天麟等人，说他们负责学宫重修工程的督理工作。

◀

廖氏宗祠位于深圳市龙华区龙华街道清湖老村内，三间三进大院，占地面积936平方米。堂号为崇德堂，由辛亥革命先驱廖仲恺先生题写。

廖马留，据说出生时长相极丑，初为其父所弃。廖父将他搁在竹篮里，用绳子将竹篮系在古榕的树枝上，任他自生自灭。所谓吉人自有天相，第二天早晨，马厩里蹿出一匹骏马，碰断了系竹篮的绳子，随着竹篮坠地，婴儿哇哇大哭。父母不忍，因此赐名"马留"。廖马留受过较好的私塾教育，但无意科考。作为乡绅，他安排梅县客家人谢维春建大船坑村，指引吴纪旺建浪口村，授命周、陈两姓建弓村。大船坑和浪口，合并后就是今天的大浪。

[祠堂]

廖氏宗祠位于深圳市龙华区龙华街道清湖老村内，三间三进大院，占地面积936平方米。堂号为崇德堂，由辛亥革命先驱廖仲恺先生题写。每年的农历九月初九，村民在家里祭拜自己的祖宗。九月初十，无论多远，全村人都会回到清湖，来到祠堂拜山（祭祖）、吃大盆菜。

[祖墓]

廖氏祖墓在飞鹅岭，坐东向西，二世祖、乐善祖、十世祖三座墓并排。二世祖碑立于清乾隆三十五年（1770年）。

上塘詹氏

上塘位于深圳市龙华区民治办事处，管辖几个自然村，如东头村、西头村、简上村、龙塘村、龙屋村、松仔园村，原来还有头围村、作屋边（又称翟屋边村）。在1949年前头围村有部分村民迁到简上村、东头村和西头村，而作屋边村在1958年迁到龙塘村并与简上村合居，故取缔了这两个村。七个自然村基本都是以詹姓为主。

[渊源]

上塘詹氏以明代进士詹天赐为始祖。

始祖詹天赐（1334—1412年），字逸安。原籍江西省饶州府（鄱阳县）。进士，敕封"文林郎惠直天赐逸安公府君"，任广州府东莞县知县，正七品。娶妻麦氏和张氏。墓在桥头岭，坐东向西。

二世祖詹勖，字勖之，约生于元至正中叶。洪武三年（1370年）庚戌科进士。洪武五年（1372年），授文林郎东莞县正堂，正七品。因平贼寇有功，获御赐"奉旨崇祀邑名宦"金匾一方，名入乡贤名宦祠（见《明史》《四库全书》）。娶汝南郡蓝氏。生一子：复阳。

三世祖詹复阳，生于明洪武十七年（1384年），宣德六年（1431

年）进士。时居东莞乡。娶麦氏，生五子：长子泰峰，次子华峰，三子衡峰，四子恒峰，五子嵩峰。墓在东莞县七娘㘭岭。

四世祖詹恒峰（四房祖），约生于明永乐中期（1403—1424年）。居篁竹村。娶妻叶氏。

五世祖名字不详，詹恒峰之子，约生于明宣德初（1426—1435年）。生一子：挞。居篁竹村。

六世祖詹挞，约生于明天顺朝。居篁竹村。生四子：长子圣佳，次子圣福，三子圣保，四子尚芳。

七世祖詹圣福，约生于明成化中后期。詹挞次子，生二子：长子积余，次子善余。居篁竹村。

八世祖詹善余，詹圣福次子。原居篁竹村，后迁宝安上芬，为龙华村（含上芬、上塘、简上村）开基祖。

[祠堂]

詹氏宗祠位于深圳市龙华区民治街道上塘社区东一村，是东一、东二、龙塘、西头、龙屋、简上等村詹氏总祠。1999年重修。坐北向南，三间两进一天井四合院式布局，占地面积约260平方米。砖木石结构，青砖墙体，硬山顶，抬梁与穿斗混合式梁架，人字、镬耳封火山墙，灰塑龙舟脊，辘灰筒瓦，绿琉璃瓦当，滴水剪边，头门两侧置塾台。

三槐书室位于深圳市龙华区民治街道龙塘社区龙塘村。始建于清朝，2003年重建。占地约200平方米。这是詹氏宗祠的支系祠堂，俗称阿厅。呈三间二进一天井格局。青砖灰瓦，大门上方立有"三槐书室"匾额，两旁立有"龙腾碧海，塘沐艳阳"和"龙腾碧海千秋盛，塘沐艳阳百业兴"楹联，后厅供有祖宗牌位。

[祖墓]

詹氏祖墓原在大众山等山头，后都搬迁到大浪龙山墓园。每当清明节、重阳节的时候，詹氏族人都要到大浪龙山墓园祭拜祖先，然后"太公分猪肉"，把祖先的庇护带回各家。

罗湖袁氏

　　罗湖位于深圳市罗湖区之南，与南面的香港新界隔河相望。罗湖村，地势低洼，最早是水泽之地，因与罗溪沟通，故有罗湖之称。后来人们在罗湖边上建村，就是罗湖村。传说，罗湖原为罗黄两姓的客家人居住之地，后来姓袁的人多起来，罗黄两姓人住不下去，此地便成了袁姓的聚居地。关于罗湖村的环境，居住在罗湖村的二十四世祖袁德著，在乾隆三十六年（1771年）所作《罗湖村风水序》中记载道："罗湖系脉，出自温塘，来自江西，卜居于此，人杰地灵，生齿富蕃，衣冠济济，颇称邑中望族。虽地脉之所钟，实人事之所致。何也？旧龙船岭、金牌山属青龙，竹木相连为左边环绕；围贝底、莲塘田为元武，竹木高耸为右边护卫。非人事也，焉能得此哉？"序中道出，罗湖村山环水绕的美丽景色，是通过袁氏先祖卜居开发出来的。

[渊源]

　　罗湖袁氏源自汝南，后裔播迁江西赣州府信丰县龙川乡。北宋淳化四年（993年），有个叫袁仍的，字悦塘，官朝奉大夫，自龙川乡竹子园宦游岭南，甚爱山水之美，遂卜居东莞温塘，为东莞袁氏一世始祖。袁仍"躬行仁义，以率子孙，自后族大以蕃，诗书文物，为吾邑最"。配庆州枢密使邓瓒第九女。生四子：诚、通、谓、四郎。四郎早夭。长子袁诚回江西，次子袁通在温塘居住，三子袁谓迁东莞麻涌。经过几百年发展，袁氏遍布温塘十二园，还分派到大岭山大塘朗、万江水蛇涌、常平袁山贝、深圳罗湖等村庄，成为东莞一大族。

十二世祖袁愚，字福庆，号彦安，袁仍十二世裔孙，岁贡生，专志读书，但屡考不中，于是隐姓埋名。明洪武元年（1368年），从温塘向东南而来，先暂住于泰坑，后择地罗湖卜居立村，成了罗湖村袁氏的开基之祖。袁愚与他的两个儿子在罗湖购置田地一十七顷（每顷100亩），建立公祠，安排人员管理乡里事务，安排子弟读书，大规模筑室立居。袁愚的一个儿子后来迁居今天福田区下沙村，另一个儿子叫袁百良。

十三世祖袁百良，又名奉丁，号海晏，国学生。他有《卜居》诗曰："相厥流泉识者谁，前人志事丕承之。罗溪水长渔歌晚，梧岭峰高月吐迟。听鸟已曾闻出谷，诵诗聊欲学迁岐。堂深正好栽兰桂，春到馨香自有时。"生七子。长子、次子分别迁居泥坑、黎洞，被盗贼所害；三子迁居东莞茶山；四子、五子世居罗湖；六子、七子迁居今龙岗区大鹏镇石桥头。所以，今大鹏镇石桥头的袁氏是从罗湖村分居出来的。

十四世祖袁渔隐（1416—1497年），名子清，又字汝澄，岁贡生，喜游山水，不事王侯，不求名利。他认为最快乐的事，莫过于在罗溪之滨垂钓，并自号"渔隐"。曾作《携客游罗溪作脍》诗："罗溪水长鳜鱼肥，同客观潮坐石矶。作脍欲归谋斗酒，白衣人到已斜晖。"又一首《游罗溪》诗："罗溪峻岭水还深，上有乔松百尺阴。何必更寻幽曲处，一竿明月可长吟。"

十五世祖袁皓，袁渔隐长子，邑廪生，作有《晚兴》诗："梧峰吐月映罗溪，缟带飘飘赤墈西。欸乃几声渔棹过，高歌解使白云低。"

[祠堂]

观德袁公祠位于深圳市罗湖区罗湖大村前，后改建成礼堂，位于其大门的对联写着："东汉名臣卧雪，南州柱石擎天。"上联是指东汉名臣袁安，以卧雪闻名于世；下联说的则是罗湖袁氏同族族人、明末著名将领袁崇焕。

▶

观德袁公祠大门的对联写着："东汉名臣卧雪，南州柱石擎天。"上联是指东汉名臣袁安，以卧雪闻名于世；下联说的则是罗湖袁氏同族族人、明末著名将领袁崇焕。图为袁崇焕像。

第二章

深圳风物志·第二辑·家族记忆卷

客家民系家族

松元厦陈氏

　　松元厦，原叫七都洞，背倚郁郁葱葱的背夫山，一条蜿蜒、清澈的小河向西折向中心缓缓从村前流过。乾隆十六年（1751 年），陈振能携带家眷，与堂兄弟等数人离开五华，出长乐，过紫金，经惠州抵达东莞塘厦、龙岗新山堡等地，短暂逗留后入宝安、越过深圳走到九龙半岛的坪洋。后觉得坪洋作为定居地不够理想，又折返宝安，到了七都洞。陈振能一眼就看中了这块风水宝地，随即放下行装，筑舍而居。他将茅舍称为松园厦（后演变为松元厦）。其子孙开枝繁衍，后裔分布于深港各地及海外。陈振能家族人才辈出，为观澜客家之望族。

[渊源]

　　据《松元厦陈氏族谱》记载，松元厦开基始祖陈振能，原名陈王宁。生于清康熙三十三年（1694 年）甲戌岁九月二十日，终于乾隆二十七年（1762 年）壬午岁十二月初一日。享年 69 岁。他自幼聪敏过人，少年好学。39 岁那年，前往江西从名师学习堪舆，故精通阴阳之术，善察未来之情，被后世称为"明师"。乾隆十六年（1751年）携同妻子曾氏，儿子俊儒、俊仕、俊科，胞弟振琼，堂兄弟振芹、振玖、振威，堂侄俊扬、俊亮等共计 13 人，迁居新安观澜松元厦。

振能公系陈氏家族历代字辈表有诗云："振俊文华国，高登发桂香。锦添嘉美央，时泰运初长。后世知前圣，南朝建大芳。开怀垂统业，万代乐安康。"

陈振能墓位于松元厦狮岗山坡，建于清道光二十二年（1842年），1999 年曾重修。2004 年，被定为宝安区第一批不可移动文物保护点。

二世祖陈俊儒，陈振能长子。生三子：长子文山、次子文林、三子文河。

二世祖陈俊仕，陈振能次子。

二世祖陈俊科，陈振能三子。

三世祖陈文山，陈俊儒长子。

三世祖陈文林，陈俊儒次子。

三世祖陈文河，陈俊儒三子。

三世祖陈文麟，陈俊科三子。

四世祖陈天华，陈文河长子，居松元厦向西村。

四世祖陈信华，陈文麟五子。

四世祖陈寿华，贵湖塘的开基祖，生四子：长子国维、次子国光、三子国常、四子国伦。

五世祖陈国宝，陈天华之子。其后代是振能家族里较大的一支，田地、山地多，出国的人也多。

五世祖陈国意，陈信华长子。

五世祖陈国宾，清咸丰十一年（1861 年）武举人。

五世祖陈国维，陈寿华长子。

五世祖陈国光，陈寿华次子。

五世祖陈国常，陈寿华三子。

五世祖陈国伦，陈寿华四子。武秀才，善舞麒麟。

六世祖陈觐高，清同治九年（1870 年）武举人。

[人物]

陈烟桥（1911—1970 年），曾用名陈炳奎，笔名李雾城、米启郎。中国版画家。1911 年 11 月 16 日生于广东宝安县观澜镇牛湖村鹅地吓。1928 年入读广州市立美术专科学校西画科。1931 年入读上海新华艺术专科学校西洋画系，不久开始版画创作，并从事进步艺术活动，加入中国左翼美术家联盟。1932 年冬，与陈铁耕、何白涛等在校组织野穗社。1933 年与鲁迅通信，在鲁迅的鼓励与支持下，继续从事版画创作。1939 年赴重庆工作，任育才中学绘画组组长。1940 年，任重庆《新华日报》美术科主任，从事有关抗日的木刻和漫画创作，为抗日战争鼓与呼，并先后出版《烟桥木刻集》和《鲁迅与木刻》两书，后者还被译成俄文出版。1949 年后，历任华东军政委员会文化部美术科科长、中国美术家协会上海分会副秘书长。1958 年后任广西艺术学院副院长、美协广西分会主席、中国美术家协会理事、广西文联副主席等。长于版画，代表作品有木刻《建设中的佛子岭》（中国美术馆收藏）、《鲁迅和他的伙伴们》（中国美术馆收藏）及《黄浦江上》等。1970 年 12 月逝世于广西南宁。

　　陈宏新，20 世纪 40 年代中期生于宝安县一个贫苦的农民家庭，1965 年深圳中学高中毕业后进入广州美术学院油画系本科接受高等教育，专攻油画人物。1979 年底，他又从广州回到阔别多年的故乡，坚持从事人物画的创作，对深圳的人文发展有着一种出自本能的关注，并为此倾注了极大的热情。他以传统的写实手法，试图用自己的语言和角度去还原与诠释改革开放以来深圳所发生的前所未有的变化，透过他严谨准确的造型语言和丰富的色彩表现力，去定格为深圳的发展而贡献青春的"打工一族"人生旅途的精彩瞬间。油画作品《春夜》入选第六届全国美展优秀作品展；《傣女》获 1993 年博雅油画大赛优秀奖和深圳纪念毛泽东《讲话》发表五十周年美展一等奖；《春天》入选第八届全国美展，获深圳"鹏城金秋"艺术节美术金奖；《春天的信息》和《老深圳》两幅作品先后获得深圳市大鹏文艺奖美术奖；《老深圳》获深圳"鹏城金秋"艺术节金奖；油画作品《肖像》《红玫瑰》分别入选 2000 年及 2003 年广东当代油画艺术展；《春日》《沧海横流》同时入选 1999 年广东省美展；《打工妹的星期天》入选 2004 年广东省美展，并获评广东省优秀作品。

　　陈炳林，是深圳本土最早美术科班出身的画家，与陈宏新同乡。他 1959 年进入广州美术学院附中学习，随后在学院本部继续深造。大学毕业后，他先后在汕头牛田洋、大埔文化宫、宝安电影站、深圳市粤剧团、深圳市文化馆、深圳市广告公司工作，从事过宣传画、商业广告、美术设计等工作，并于 1992 年至 1997 年参加大型宣传画《小平同志在深圳》一、二、三稿的创作。由于工作和家庭多次发生变更，长

年迁徙，作品遗失不少。目前所能见到的作品主要是20世纪90年代创作的，这些作品体现了良好的造型基础，其中以《生命的颂歌》《平安》《岁月》《创业史》等为代表。

陈玉昌，旅居香港，担任观澜旅港同乡会主席23年、观澜商会会长15年。改革开放后，为推动家乡经济发展，他回乡投资兴业，还积极通过观澜旅港同乡会推进家乡与香港的交流合作。2011年，陈玉昌和叶伟青等几名香港同胞一起向国家"点亮藏族牧民新生活计划"捐款100万元，并代表香港同胞参加了国务院侨办在钓鱼台国宾馆举办的国宴。2011年，他与香港立法会前主席范徐丽泰等知名人士，被深圳市授予"深圳市荣誉市民"称号。

振能陈公祠位于龙岗区坂田街道松元厦村上围。祠堂坐西北朝东南，由上、中、下三堂及两侧横屋组成。图为振能陈公祠。

[祠堂]

　　振能陈公祠位于龙岗区坂田街道松元厦村上围。祠堂坐西北朝东南，由上、中、下三堂及两侧横屋组成。建筑通面阔约 60 米，通进深约 35 米。门前的池塘，像是一个被削掉一角的椭圆。据说陈振能迁来松元厦之前，跟东莞一个风水师傅学过风水。他与家人定居松元厦时，当时的大姓是黄姓，主要住在福楼村（即太兴，位于松元厦西面约 1 千米处）。黄姓所住之地，前面是开阔地，远处可以看见几重山峦，风水极好。但是，陈振能在建自家风水塘（即祠堂前的水塘）时，特意将其做成带尖角的椭圆形，尖角就对准了福楼村。同时，他还建了伯公庙，与风水塘的尖角一同压住黄家风水。

坂田张氏

坂田位于深圳市龙岗区坂田街道坂田社区，曾称"泮田"，后改为"坂田"。其地理位置于两水交汇之处，有重重案山紧锁。观其上势，山形如天马行空，猛虎下山；观其下势，如飞凤落阳，造就了一马平川、良田千顷。"坂田"的原意为山间贫瘠的土地，按照地势形状，后来人们就把这块迁徙地叫"坂田"。作为唐朝名相张九龄后裔的一支，张氏族人在坂田繁衍生息，发展至今已近300年。

[溯源]

张九龄是有名的唐朝贤相，辅佐唐玄宗开启了"开元盛世"。开元二十四年（736年）八月五日千秋节（玄宗生日），其他人都向皇帝献奇珍异宝，独有张九龄献《千秋金鉴录》作贺仪，劝皇帝励精图治。尽忠职守的他，因看穿安禄山的为人，建议皇帝早日将其除之以防养虎为患，却因李林甫挑拨而遭贬。贬官后，张九龄依旧清廉自守，为民谋实事。"国家之败，由官邪也。"他作为廉洁奉公的典范，为后人代代传颂。

走近张氏祖祠，祠堂大门上的"青钱世德，金鉴家声"八个大字赫然映入眼帘。大门上方用苍劲有力的行楷写着"张氏祖祠"四个大字，大门上还盘旋着两条栩栩如生的龙。

坂田张氏入粤之前的开基之祖是福建上杭的张化孙。张化孙为张九龄后裔，于南宋末年入闽，其第四子祥云为坂田张氏直系祖。其后人张十九郎为入粤始祖，居于广东梅县，其六世孙张成祖移居五华长乐。

清代乾隆元年（1736 年），张祥云的十六世孙张成琏携妻李氏从东莞凤岗塘沥迁居新安泮田，也就是现在的深圳坂田，生五子：长子拔英、次子拔莘、三子拔一、四子拔清、五子拔源，形成张氏五大房，在此落基生根，发展至今近三百年，繁衍十二代。坂田张氏后人共有三千多人，主要分布在深圳和香港等地。

坂田张氏以张九龄为始祖，张氏族人一直以"金鉴家声"为荣，代代相传。坂田张氏祠堂的堂名为"青钱堂"，其来历出自张氏另一位祖上张鷟。张鷟在唐调露元年（679 年），考中进士，任岐王府参军。他因不善奉承而官运不佳，后试图通过科考改变官运，应八科举，科科甲等，时人称他有如成色最好的青钱，万选万中，因而赢得"青钱学士"的雅称。

[人物]

张祥恭，清末民国时期曾做过 25 年的博罗县县长，还曾在国民政府担任广东省参议员、宝安参议员，为宝安八区及坂田等地的太平绅士，也是张氏后人近现代为官的一个代表。由于道路不通，当时的坂田村民需要走山路去布吉做买卖，外出非常不便。张祥恭主政时，推动了老布龙路（即现吉华路）的建设，并成立运输股份公司，族人可以农田入股。随后还建大同市场（现为坂田市场）和鼎新学校（也就是今天坂田小学的前身）。

[祠堂]

坂田张氏祠堂位于坂雪岗大道旁，始建年代不详，为张成琏第五子张八延所建。祠堂年久失修，只余一隅，周边被村民占地建房。改革开放之初，张锦传、张仪带等人向村民集资，收回了祠堂土地。2003年，张氏族人将原祠堂推倒，请潮汕师傅重建，村民共让出20间屋，建房花费70余万元，加上收回土地的补偿金，共花费280余万元。新祠堂于2005年落成，为家族共有，由张氏宗亲理事会管理。走近张氏祖祠，祠堂大门上的"青钱世德，金鉴家声"八个大字赫然映入眼帘，大门上方用苍劲有力的行楷写着"张氏祖祠"四个大字，大门上还盘旋着两条栩栩如生的龙。祖祠内的正堂——青钱堂，供奉着张氏先祖的牌位，两旁挂着一副对联："发迹上村至宝安，原从长乐归三省"。

龙胜彭氏

龙胜位于深圳市龙华区大浪办事处，东临龙华办事处景龙社区，西临羊台山，南临民治办事处上塘社区，北临大浪办事处高峰社区，下辖龙胜社区居委会。辖区面积 2 平方千米。

[溯源]

龙胜村村民以彭姓居多，根据彭氏族人中流传的《彭氏族谱散页》记载，其祖先为北宋知潮州军事、大理寺正卿彭延年。

彭延年（1009—1095 年），字舜章，号震峰，江西庐陵（今吉安）人，进士，是大文学家欧阳修的远房表弟。历任福州推官、大理寺评事、大理寺副卿、知潮州军事、大理寺正卿，任计 30 年。北宋熙宁元年（1068 年）二月至翌年七月，被神宗任命为直秘寺丞，会修《英宗实录》。因与王安石政见相左，故被贬来潮州任州府。在潮州为官 8 年，颇有政绩。他减赋税，修筑韩江堤，治水救灾，击流寇、海寇，身先士卒，断指而不顾，与民生息，救民于水火，"城内挖井三十六口，解困汲绝"。泽及潮民，有功于斯，民颂曰："解结理絮，惟我彭公；

复我生我，有我彭公。"如今潮汕揭西等地及梅州市梅县、陆河县、惠州、东莞、深圳等地，皆有彭延年之后裔。

彭延年的后人彭子顺于南宋淳熙元年（1174年）迁居丰顺。

明嘉靖年间，龙胜始祖彭华池从丰顺迁至龙华，成为龙胜村开基人。据龙胜村传说，在彭氏来之前，卢氏是龙胜村的主人，明朝时期便在此繁衍生息，建立"卢盛堂"，取"卢姓家族繁荣昌盛之意"。后来彭氏家族迁入此地并发展壮大，卢姓人家外迁，村名也改为"龙胜堂"。另一种说法是，清朝同治年间，一些客家人由梅县、东莞等地迁入龙华，成立龙胜堂，并发起建墟，之后逐渐繁华起来，龙华因此得名。

舞麒麟是龙胜村彭氏后人一项古老的传统民间艺术活动，至今已有一百多年历史。1949年后，彭氏后人正式成立麒麟队，至今已传承

▶

明嘉靖年间，彭华池从丰顺迁至龙华，成为龙胜村开基人。图为龙胜老村。

三代。每逢重大的节庆盛典，龙胜村就在祠堂开展舞麒麟庆贺活动，为盛典或大型活动营造节日氛围。特别是过年和农历正月十五元宵节最热闹，除了本村外，麒麟队还到周边的石岩、布吉、平湖、南山等地方表演，深受当地群众欢迎。

　　彭姓另一个独特的风俗就是"元宵大过年"。直到现在，元宵节彭姓家庭的菜肴要好过大年初一，热闹程度也超过大年初一。这是与龙华其他姓氏的客家人不相同的地方。据老人讲，形成这一独特风俗的原因是，抗日战争时期，为了躲避日本鬼子逃到羊台山上，彭氏族人常常不敢在家过年。到了元宵节时，全家人才敢聚在一起补过一个"晚年"。于是，风俗就这样传下来了。

[祠堂]

　　彭氏宗祠是彭氏为了纪念始祖彭钱铿、先祖彭延年而修建的，始建于 100 多年前，1999 年 8 月修缮。建设面积 200 多平方米，是一座典型的客家清式建筑。祠堂大致坐北朝南，两间两进，正门两边有大红醒目对联曰"商贤世系，宋史家风"。祠堂四角分布有面积一样的四个小房间，分别名曰"弄月""吟风""幽情""畅叙"。厅堂前低后高，面积虽不大，却玲珑精致。各色壁画耐人品味，同时也寓意深刻，寄托了彭氏族人对吉祥、幸福、兴盛的美好愿望。

坑梓黄氏

坑梓位于深圳市坪山区坑梓街道，北面与惠州市惠阳区接壤，辖沙田、老坑、秀新、金沙、龙田五个行政村。坑梓在清代属惠州府管辖，全镇约 80％ 的人口为黄姓。清康熙元年（1662 年）这里正是朝廷强令内迁的重点地区。康熙二十三年（1684 年）准予复界后，居惠州、潮州、嘉应州（今梅州）及闽赣地区的各路族人，纷纷"负耒横维，相卒而至"，沿惠阳到坑梓、深圳而至香港等地，拓展疆域。据说，坑梓旧无圩市，其居民多赴淡水、坪山、龙岗赶集。其中城内、沙梨园一带村民系由老坑黄姓家族分出，人们遂将附近一带统称为"坑仔"。"坑"是客家方言词，是指"两边被山夹住的长山沟"。坑仔就是"小坑"，表示面积较小的山间谷地。

[溯源]

坑梓黄氏先民原居于闽、粤、赣三省交界的客家聚落中心地域。据《黄氏族谱》所载，其中多数"举家徙垦于广州属之新宁，肇庆府属之鹤山、高明、开平、恩平、阳春、阳江等州县，多与土著杂居"。明末，天下大乱，有福建永安人黄朝轩、黄德轩、黄俊轩三兄弟，颠沛流离，徙居惠州归善县白马碗窑。其后再迁坳头，后再迁果园背，以行医卖药为业。因被该地麦氏排挤，三人只得再迁高寨子，最后定居江边村，建屋立业。

最早来到龙岗地区开拓的黄氏祖先，是开基祖黄朝轩。

一世祖黄朝轩（1568—1656 年），谥纯惠，娶妻陈氏、管氏，生二子：长子居中、次子立中。明崇祯十一年（1638 年），黄朝轩70 岁时生下长子黄居中，并于这一年告别兄弟，自家迁往归善县坪山高寨子。清代复界之后，三省边区的客民人口膨胀，由于地域所限，希望向外拓展，因此复界为黄氏宗族提供了一个从山区迁往平原，并在沿海地区发展的极好机会。接着又开基江边村，是现今坪山、坑梓黄氏的一世始祖。

二世祖黄居中（1638—1710 年），黄朝轩长子，生三子：长子振清、次子振南、三子振宗。康熙三十年（1691 年），携三子迁居坑梓，先在老坑建黄氏宗祠，并由此而向坑梓其他地方发展。

二世祖黄立中，黄朝轩次子，生七子，皆留居江边。

三世祖黄振清，黄居中长子，留居祠堂街。

三世祖黄振南，黄居中次子，迁居洪围街。其后裔迁往广西武鸣县，有"坑梓风水不旺二房"的说法。

三世祖黄振宗，黄居中三子，生三子：长子瑞璋、次子瑞瑛、三子瑞瑸。清乾隆十八年（1753 年），瑞瑸分迁新乔围立业。

四世祖黄瑞璋，黄振宗长子，随子廷元迁居长隆世居。

四世祖黄瑞瑛，黄振宗次子，生五子：长子相元、次子文元、三子雅元、四子泰元、五子宏元。清乾隆三十六年（1771 年）迁居大水湾，创立龙湾围。

四世祖黄瑞瑸，黄振宗三子，留居新乔围。

五世祖黄泰元，黄瑞瑛四子，生五子：长子奇绩、次子奇绅、三子奇纹，四子奇纯、五子奇纬。

五世祖黄廷元，黄瑞璋长子，迁长隆世居。

六世祖黄奇纬（1786—1840年），黄泰元五子，原职国学，赠儒林郎，诰赠州同加二级，清道光十七年（1837年）迁居亚妈湖田瑕心，建龙田楼立业。

到第四代时，黄氏家族迅速增殖为十三个血缘聚落。到第五代时，他们对土地的开发就由坑梓东部向西部拓展了，先后建立了二十座大型围屋。就占地面积而言，大者上万平方米，小者亦二三千平方米；就其历史而言，修建最早的是秀新村"新乔世居"，建于清乾隆十八年（1753年），最晚的是盘古石村的"吉龙世居"，建于光绪十四年（1888年）。子孙在其中繁衍，成为当地望族。

[祠堂]

坑梓黄氏宗祠和村围均以"江夏堂"为堂号，聚族而居，建基立业。"江夏堂"最早的来历，据《黄氏族谱》称是"北宋进士、文学家黄庭坚，号山谷，知鄂州时，在江夏县建峭山大宗祠，命名江夏堂"。

坪山曾氏

　　大万世居是坪山区曾姓家族居住、生活和工作的地方，保留了客家人许多珍贵的历史民俗遗物和文化精粹。建于清代的大万世居是深圳目前最大的客家围屋，至今已有 250 多年历史，是全国最大的方形客家围屋之一。

[溯源]

　　曾参（前 505—前 435 年），居山东武城，继承并发扬孔子学说，被后世尊为一派祖和宗圣。西汉末年，曾参第十五世后人曾据不与王莽同流合污，弃官率全族千余人，由嘉祥渡长江，到达江西庐陵吉阳开基立业。庐陵曾氏人丁渐旺，成为南方发祥中心。传至第三十八世，曾游立、曾洪立、曾宏立从抚州徙居南丰，其后裔人才辈出。曾氏第五十一世后人曾惇于北宋政和二年（1112 年）由江西徙居福建宁化。

　　曾简辉，又名兴辉，字焕清，是坪山开基祖。清康熙四十三年（1704 年）携其弟简良从五华迁深圳坪山龙背村。兄弟俩先在赤坳烧木炭为生，频遭虎狼之患；其弟简良为虎所噬，仅剩一腿。曾简辉节衣缩食，积聚钱财，购田地，开商铺，致富后多次往返五华，将五副先人遗骸移来坪山，择吉地安葬。生下三子。

曾元恭，曾简辉三子，迁坪山三洋湖村。生四子：长子仁周、次子传周、三子佩周、四子信周，分别居于石灰陂下屋、大万世居、石灰陂上屋、三洋湖。

曾传周（1734—1819年），字端义，号静轩，曾元恭次子。乾隆中期（约1763年前后）从三洋湖迁今大万开基立业。年轻时在三洋湖村靠放养鸭子和给人推独轮车运石灰维持生活，染上了赌博的恶习，输掉家财后痛定思痛，用刀自断右手拇指，立誓戒赌。曾传周后来做生意发达，在坪山、龙岗、淡水等地开办油糖厂和店铺。发迹后开始建围屋大万世居，前后三十余年才建成。乾隆末年，惠州水患，曾传周和其长子曾光斗积极捐纳赈灾，被朝廷分别诰授儒林郎捐职员和捐监生。

[人物]

曾生（1910—1995年），原名曾振声，坪山镇石灰陂人。曾参加"一二·九"抗日救亡运动，被推举为中山大学员生工友抗日救国会主席团主席、广州抗日联合会主席团主席，1936年加入中国共产党。1937年前在地方工作，后参加游击队转入部队。抗战时期，历任香港海员工委书记、工会组织部部长，中共惠（阳）宝（安）工委书记，广东人民抗日游击总队总队长，东江纵队司令员。解放战争时期，任华东军政大学副校长、渤海军区党委副书记兼副司令员、两

广纵队司令员。1949年后，任广东军区副司令员兼珠江军分区司令员、政委，华南军区副参谋长，南海舰队第一副司令员。曾任广东省委常委，中共广州市委第三书记，广东省副省长兼广州市市长，中华人民共和国交通部副部长、部长，国务院顾问。1955年被授予少将军衔。是第一、二、三、五届全国人大代表，第五届全国人大常委会委员，中国共产党十二次全国代表大会代表，并当选为中央顾问委员会委员。著有《曾生回忆录》一书。

[祠堂]

辉公宗祠位于深圳市坪山区坪山街道三洋湖社区龙背村，始建于1715年，是典型的客家建筑。2013年曾氏族人捐款对辉公宗祠进行重建。曾简辉是坪山曾氏的开山鼻祖之一。

建于清代的大万世居是深圳目前最大的客家围屋，至今已有250多年历史，是全国最大的方形客家围屋之一。图为大万世居曾氏后人迎春祭祖的场景手绘。

端义公祠位于深圳市坪山区坪山街道坪环社区大万村大万世居。宗祠是围屋的核心地带，曾氏家族的先祖灵位设在正前方。祠堂格局为三进二天井二厢廊，三进分上、中、下厅，中厅是当年族长和元老们开会议事的地方。整座围屋形成"八阁走马楼，九天十八井"的格局。天街布局为纵六横三，间有小巷，纵横交错，井井有条。街巷地面全用灰沙或鹅卵石铺砌。堂号为追远堂。

[祖墓]

清雍正年间，曾宏儒的五世孙曾简辉兄弟从广东五华迁至坪山。两兄弟后将曾宏儒的骨骸从广东五华迁至坪山，最后安葬在马峦山的嶂顶。在历经 8 年艰苦找寻后，曾宏儒的墓最终在东部华侨城大侠谷云中风车下方 100 米的山坡上被找到。

龙岗罗氏

鹤湖新居位于深圳最大的行政区龙岗区龙岗街道南联社区罗瑞合居民小组，为广东兴宁客家人罗瑞凤于清朝乾隆年间兴建，历经罗家三代人数十年的努力而建成，距今已有 200 多年的历史。鹤湖新居总占地面积约 2.5 万平方米，围屋（不包括月池、禾坪）占地面积约 1.5 万平方米，是全国现存最大的客家围屋之一，被誉为客家建筑的活化石、客家建筑艺术的结晶。它集中了广东各地客家围屋的精华，是深港地区城堡式围楼的典型代表。龙岗罗氏家族曾在此聚族而居近 200 年。

[溯源]

罗氏家族原籍为福建宁化，开基祖罗瑞凤在清代从广东兴宁县东门迁来。兴宁县东门"花螺墩"为罗氏先祖聚居地。根据《兴宁东门罗氏族谱》的记载，宋代罗氏始迁祖罗小九，"原籍福建宁化县石壁村，派分江西宁都鸦鹊林。父兄并以文学致显仕……宋末，由贡任广东循州学正，任满回家，道出兴宁，见其土旷人稀，沃野平衍，低

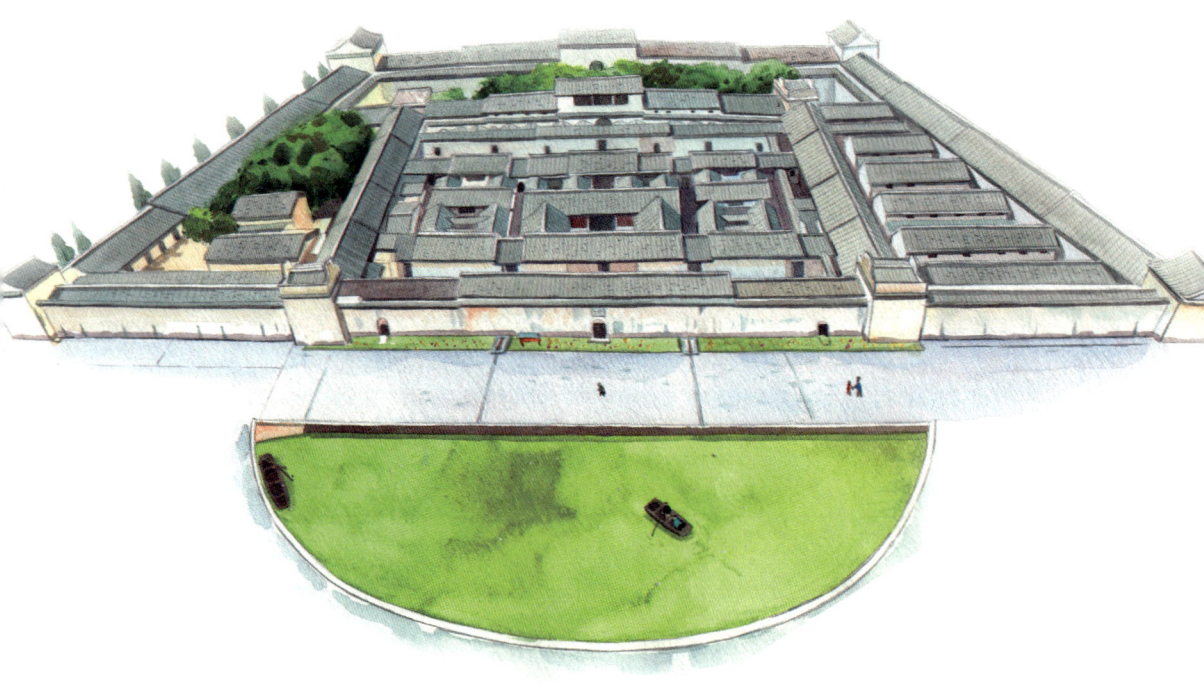

鹤湖新居总占地面积约 2.5 万平方米，围屋（不包括月池、禾坪）占地面积约 1.5 万平方米，是全国现存最大的客家围屋之一，被誉为客家建筑的活化石、客家建筑艺术的结晶。图为鹤湖新居俯视图。

徊留之不能去，乃筑室于东郊而居焉"。

清乾隆二十三年（1758 年），罗瑞凤从兴宁迁至龙岗墟马福头立业。初为小贩，靠收罗买卖古董文物为生，擅长经商，勤俭致富，后积百万家财，始建罗氏新居，即"鹤湖新居"。罗氏家族在龙岗以"鹤湖新居"为核心的罗瑞合村之外，尚有其他几处聚居村落，如翠新村的"龙和世居"等，均有相当的规模，形成了当时龙岗墟镇的主要宗族群落。

[人物]

罗瑞凤（1714—1796 年），龙岗鹤湖罗氏开基先祖，于清乾隆二十三年（1758 年）从兴宁来到龙岗，选择经商谋生，秉承"公平交易、童叟无欺"的原则，经过二十多年的奋斗得以脱贫致富。由于族谱惨遭焚毁，有关其创业的文字记载已经缺失，只能从罗家后人及当地人的口述中略窥一斑。罗瑞凤富裕之后不忘以勤俭、仁义教育子孙，形成了世代相传的良好家风。

罗廷贵，鹤湖罗氏第二代，罗瑞凤的二儿子，为人特别节俭，据说大冷天还穿布衣草鞋。他继承其父艰苦创业的作风，大量买田置地，使得罗家有了更大的发展，收租一直收到东莞。

罗兆熊，鹤湖罗氏第三代，罗廷贵的儿子。曾任广州府儒学正堂，掌管全府的教育，主持选拔考试。兆熊宅心仁厚，用自己的俸银赈灾，周济贫苦百姓；俸银不够时，还时常回家向父亲讨要钱财。据罗氏族谱记载，道光十四年（1834 年），龙岗一带暴发水灾，罗兆熊因为赈灾有功，被朝廷赐给一块"大夫第"匾。罗家将此匾悬挂在鹤湖新居祠堂门上，让子孙后人牢记个人生活要节约，对待乡里、国家要仗义疏财。

罗秋航，生于清光绪年间，卒于1943年，为鹤湖罗氏满房第六代。清朝末年，罗秋航加入革命队伍，致力于推翻清政府的腐朽统治。他与粤军名将邓铿（仲元）等人在龙岗、淡水地区带领武装力量积极参与惠州起义，在一定程度上推进了广东革命的进程。罗秋航与邓仲元交情匪浅，娶其姐为妻，结为姻亲。20世纪三四十年代，罗家人修通龙平、龙横公路后，罗秋航联合罗家一些有实力的人士共同创办运输股份公司，发展交通运输业，为发展龙岗的交通事业做出了不可磨灭的贡献。

[祠堂]

罗氏宗祠位于深圳市龙岗区龙岗街道南联社区鹤湖新居内，建于嘉庆二十二年（1817年），为三间两天井布局，堂号为"诒燕堂"，语出《诗经·文王有声》："诒厥孙谋，以燕翼子。"郑玄笺："传其所以顺天下之谋，以安敬事之子孙。"后遂以"诒燕"谓为子孙妥善谋划，使子孙安乐。

坪地萧氏

四方埔村位于坪地办事处辖区范围的中部,距离办事处约 2.2 千米,与石灰围、牛眠岭等自然村相邻,原坐落于丘陵地带,现已平整,龙岗河从村的南面流过。因立村之处是一个小山坡,周围都是青草地,客家话称青草地为"埔",故取名四方埔。

[溯源]

根据《坪地萧氏族谱》(2007 年版)记载:萧氏以商代微子启为始祖,周武王灭商之后感其忠直,将其封在宋国,定都在河南商丘,尊为宋公。春秋时期宋国内乱,公族逃至萧邑(今安徽萧县),其中一人萧叔平叛有功,受封萧邑,称为萧国。战国时期萧国公族以国为姓。春秋战国时期萧氏多居于兰陵,所以萧氏有兰陵世系之称。

晋八王之乱后,萧氏一支南迁至江苏丹阳、武进一带。南朝萧道成做了南齐之主。此后萧衍建立了梁国。宋代南兰陵萧氏一部分迁往江西吉安,萧方哲携本族人入闽居宁化石壁。宋末黄梅轩迁至梅州松源,为萧氏入粤始祖。

萧氏祖祠位于深圳市龙岗区坪地街道四方埔，初建于清乾隆四十二年（1777年），为坪地始祖萧文拔所建。前有半月塘，后有福神岭，坐西向东，继承了岭南客家围屋的建筑风格。图为萧氏族人在围屋庆典祭祖的场景想象。

　　明洪武年间，萧梅轩五世孙萧笃实迁至揭阳河婆镇，又六传萧苍云迁居归善（惠州）。

　　萧氏的祖先是揭阳的福佬人，迁坪地后逐渐演化为客家人。"由宁化至梅州在昔松源既接千秋世泽，自揭阳迁归邑于今坪地更开百代宗枝"这一对联讲的就是萧氏入粤的情况。

　　萧祖任，字耀先，萧苍云次子，明万历十二年（1584年）从淡水赶鸭群来到坪地石灰围落基。与他同来的两个兄弟，一个到了葵涌，另一个下落不明。萧祖任落脚后在坪地定居，以务农为主。十几年后萧氏先祖向坪西发展，现坪西有9个萧氏村落。萧祖任的大儿子继承父业留在石灰围，二儿子萧叔俊1775年左右在香元建祠堂。

　　四方埔萧氏始祖萧文拔，萧祖任裔孙萧祚富第五子，字潜，于乾隆年间徙居四方埔。1770—1820年，萧氏家族发展出21个村。现在本地的萧氏后人有8000人左右，加上海外的共有3万多人。

［人物］

　　萧华奎（1919—1946年），坪地人，1941年参加广东人民抗日游击队第五大队，次年任广东人民抗日游击总队港九大队手枪队小队长，经常乔装深入港九地区搜集敌情，袭击日军，护送武器弹药，抢救文化人及国际友人，开展锄奸反特工作，坚持敌占区武装斗争。1946年2月，在澳头鹿嘴湾海战中指挥木船迎战国民党"舞凤"舰时牺牲。

　　萧佛祥，1912年11月出生于四方埔。20世纪20年代末，年轻的萧佛祥就拜师学武艺，出师后授徒传艺。20世纪30年代，萧佛祥得到江西竹林寺螳螂派国术传人黄毓光的真传，再次出师后，先后在大亚湾、淡水一带授徒，并在坪地四方埔开设群武堂麒麟馆，在白石塘设立精健堂麒麟馆。四方埔群武堂的麒麟套路是萧佛祥在螳螂拳法的基础上，根据农民四季生活和劳作习惯等方面内容创编的。它的伴奏乐器有锣、鼓等五种。套路舞法身兼南北两派麒麟之长，刚劲、庄严、细腻、灵活，内外兼修，化于形而敛于内，有着深厚的传统文化底蕴，是具有传承保留价值的文化遗产。当年的群武堂麒麟馆就设在露瀼堂内。那时，在四方埔村和白石塘村，青壮年男子在做农活之余，就跟着萧佛祥学习舞麒麟。舞麒麟主要有两个目的：一是参加重大的节日及乔迁、婚嫁、庆丰年等喜事时祈福，二是习武之人练之以增强功力。四方埔麒麟队人数最多时有80多人，年龄最大者50多岁，最小的仅十几岁。每逢春节或居民新屋落成、新人结婚等喜庆活动，麒麟队都会助兴表演。

[祠堂]

　　萧氏祖祠位于深圳市龙岗区坪地街道四方埔，初建于清乾隆四十二年（1777 年），为坪地始祖萧文拔所建。前有半月塘，后有福神岭，坐西向东，继承了岭南客家围屋的建筑风格。建筑为二横、三堂、四碉楼，九厅十八井连廊结构，建筑面积 6000 多平方米。堂名为露瀼堂，意喻甘露瀼瀼，天下太平。语出《诗经·郑风》："野有蔓草，零露瀼瀼。有美一人，婉如清扬。邂逅相遇，与子偕臧。"这是美好心愿的诗意想象。

葵涌潘氏

"龙岗罗，淡水古，唔受葵涌一下潘。"

"龙岗一斗刁，坪地一管萧，落到葵涌改信潘。"

这两则民间谚语里的"潘"，说的就是清末民初时期深圳大鹏半岛上的望族——葵涌潘氏。

早在200多年前，不足百人的潘氏在当地已是声名显赫。经历岁月的洗礼，葵涌潘氏家族至今保留着三处客家围屋——白水塘（潘氏宗祠）、福田世居和油榨村。靠勤劳诚信发展起来的葵涌潘氏，其后人谨记家族祖训，将良好家风代代传承，不但有勤劳、智慧的品德，更有从善重教、敦睦乡谊的精神，这些都成为潘氏族人绵延传承的血脉。

[溯源]

潘琴（1266—1347年），又名万十郎，为寻乌开基始祖潘任的第四世孙。原居闽汀宁化县石壁村，因世乱，与胞弟潘瑟一同移居广东惠州府长乐县（即今五华县）南段创基。葬长乐县高竹园龟形地。娶孔氏，生三子：长子鹏冲，后裔迁紫金瓦溪、青溪、龙窝、九树、河源仙塘；次子鹏汉，后裔迁紫金蓝塘；三子鹏宵，后裔迁惠州矮陂。宣德元年（1426年），潘处士从兴宁迁居梅县，为潘氏梅县开基祖。

根据潘氏族谱记载，葵涌的油榨、福田围和白水塘三条围潘姓的祖先是潘勤儒，祖籍在广东省梅县地区（旧称"嘉应州"），属客家人氏，清乾隆年间携带妻儿来到葵涌。潘勤儒和儿子奉乾初到葵涌之时，先后扯过麻糖卖，又做过担脚工，后来到沙鱼涌和葵涌镇开了"二合"鱼店。

坪山在清乾隆以后已经是龙岗、淡水之间一个比较重要的圩镇，葵涌沙鱼涌是当时这一带的重要通商口岸。葵涌潘氏因为生意关系经常往来于葵涌沙鱼涌与坪山，中间途经荒山野岭，潘氏便出资修建了一条葵涌至坪山的卵石道路。据清嘉庆《新安县志》记载："济安桥，在葵涌，监生潘光大建。"潘光大即潘奉乾，他建济安桥，解决乡民出行蹚水过葵涌河的问题。

据记载，一年寒冬，鱼贩都不肯出门，奉乾却一早来到沙鱼涌打鱼，结果卖了好价钱，有了把生意做大的资本。后来，潘家便建造了规模宏伟的白水塘潘氏围堡，再后来又建了围屋——福田世居。潘家又扩大经营范围，开设榨油工厂，逐渐形成了当地小有名气的手工工商业村落——油榨村。

[人物]

潘鸣东（恩启），葵涌潘氏八世祖。曾任大鹏城培新学校校长，校董会专门为其颁发了"教育有方"的牌匾。

潘恩焕，油榨围人，是东江纵队战士，1942 年参加广东人民抗日游击队总队，1944 年在增城县战斗中牺牲。

潘硕良，葵涌同乡会的发起人之一，曾作为地下党员积极投身抗日战争，后任香港海员工会常委。

潘会文，出生于马来西亚，1938 年开始参加抗日活动。1943 年，参加马来西亚共产党。1945 年日本投降后，他开始从事工人运动，并担任马国雪兰莪州最大的工会组织——雪州树胶职工联合会会长。1948 年 6 月，马来西亚共产党开展了发动全民反对英国殖民统治的武装斗争，潘会文被英殖民当局悬赏十万元马币通缉。年底，他经香港回到葵涌，后又曾到香港和海南工作。

潘伯群（1903—1990 年），葵涌三溪村人，曾任联邦德国华侨合作社社长，是侨港葵涌同乡会创始人之一。中学毕业后，怀着治愚救国的抱负，为家乡的弟子启蒙执教，后考入广州黄埔军校。经过 3 年的学习，获得黄埔军校第 11 届毕业证书，并被分配到罗坤部队（惠州地区驻军）任政训主任。抗日战争刚结束，他就毅然离开罗坤部队。1955 年春，旅居联邦德国，开设中餐厅。后倡议成立联邦西德华侨合作社，被推举为社长。1986 年，捐款兴建葵涌小学和葵涌河上的两座大桥——虹拱桥、葵新大桥，并捐赠一部面包车给葵涌当地政府。1990 年，他身患重病时，还立下遗书，指定为葵涌中学、葵涌医院和三溪村委各捐数万元港币。

潘冠良（1934—1989 年），1956 年惠州师范学校毕业后分配到惠阳县三门岛小学任教，并任该校负责人。1969 年 12 月，调回家乡葵涌镇，先后任三溪小学教导主任、校长、镇教办主任等职。1984年5月，潘冠良任新办的宝城小学校长，并教授思想品德课，致力于思想品德教育的探讨和研究，先后写出《思想品德教学原则与规律初探》《开展思想品德课教研活动的做法》《师德与教学》等10多篇学术论文，其中多篇被选登在《德育杂志》等刊物上。次年患肺结核感染症，但他坚持带病上课，直至确诊为晚期肺癌才住院治疗。6月，被国家教委授予"全国小学德育先进工作者"、广东省授予"优秀园丁"荣誉称号。1989年7月被评为"宝安县共产党员十先锋"之一。

[祠堂]

潘氏宗祠位于葵涌上禾塘（白水塘），是白水塘、福田围、油榨围三个村潘氏的总祠。重修后的潘氏宗祠，大门上挂着横额"潘氏宗祠"，楹联"泽流花县，基肇葵乡"。"花县"即河南省河阳县，为潘氏显祖潘岳的为官之地。白居易《白帖》中有："潘岳为河阳令，满植桃李花，人号曰河阳一县花。"故河阳县又称"花县"。"基肇葵乡"讲述的是葵涌开基祖潘琼儒开基立村的历史。门厅屏风正面悬挂"玉树滋兰"匾，由书法家王耀中题写，意指以潘安为代表的先祖文风鼎盛。背面阴刻"望重新安"，由颜世举题写，意指葵涌潘氏从琼儒开基立村后成为新安县望族。祠堂祖堂"荥阳堂"匾由巫师传题写。荥阳堂为潘姓通用堂号，因荥阳为潘氏始祖季孙分封地，故以郡望为堂号。

布吉凌氏

"志图远大，维系风化，扶植纲常，他日家声丕振，会观兰桂赛春芳。"布吉凌氏族人牢记这一祖训，以其行动将家风家训代代传承。在近现代 180 多年时间里，凌氏家族涌现了几十位在政治、经济、科技、教育、文化等领域产生重要影响的人物，成为近现代做出卓著贡献的客家人家族，可以说是深圳诗书传家的第一大家族。

[溯源]

据 2008 年编修的《布吉凌氏族谱（二编）》记载，布吉凌氏为凌氏始祖"康叔"的后人，出自河间郡。深圳凌氏为凌隆祥后裔。十一世祖凌日林，自清康熙年间由嘉应州平远大柘移居新安布吉，为深圳布吉凌氏一世始祖。

凌隆祥（1250—1328 年），字人杰，承德郎，乃凌尧举次子。正议大夫，考授翰林。由江西省赣州府长宁县寻乌迁往广东省惠潮兵备道嘉应州兴宁县平邑镇大柘北乡官田堡庵背龙虎墟。本族将其尊为粤东之祖。娶谢氏，继杨氏，生五子：长子百二郎、次子益（伯五郎、字九畴）、三子十一郎、四子九千、五子十郎。后裔除居嘉应州之外，另有迁入广州、高州、茂名、惠州等地。

始迁祖凌日林，康熙初年自嘉应州大柘（现梅州平远县石正村）迁居龙岗布吉老墟。娶刘氏，生五子：长子育才、次子育斌、三子育金、四子育富、五子育千。

二世祖凌育才，居住布吉一村。

二世祖凌育斌，凌日林次子，居住布吉老墟。

二世祖凌育千，凌日林五子，移居李朗。

三世祖凌彩云，凌育斌之子。

四世祖凌超瑞，凌彩云之子。生四子：长子振高、次子振猷、三子振维、四子振泰。

五世祖凌振高，凌超瑞之子，生二子，长子启莲、次子启芳。年届四十时，正值瑞士巴色会牧师韩山明在布吉李朗建立"存真书院"，这可以说是深圳历史上第一所大学，且入会可以免费在此接受系统教育。这一点对凌振高很有吸引力，他便携其弟振维、振泰及8岁的儿子启莲入会，并一同在书院学习。

六世祖凌启莲，凌振高之子，毕业于教会大学存真书院，毕业后被派往客家人密集的东梅江地区传道。生八子：长子善元、次子善昌、三子善新、四子善昭、五子善荣、六子善永、七子善安、八子善芳。

七世祖凌善元（1867—1936年），凌启莲长子，毕业于教会大学存真书院，毕业后被派往客家人密集的东梅江地区传道。生三子：道扬、达扬、继扬。

七世祖凌善昌，凌启莲次子，生于1869年，毕业于李朗神学院，一度赴檀香山经商，卒年不详。

七世祖凌善昭，凌启莲四子，生于1873年，毕业于李朗神学院，后赴华人密集地檀香山传道经商，20世纪初赴青岛经商定居。年轻时与孙中山过往甚密，因掩护孙中山从事革命活动难以在广东存身，不得已携凌善永流亡至夏威夷。

七世祖凌善荣，凌启莲五子，生于1875年，经商，卒年不详。

七世祖凌善永，凌启莲六子，肄业于李朗乐育神学院，旋赴香港读会计，是中国最早一批掌握西方经济管理知识的会计师。后赴檀香山经商，回国后曾在青岛某公司、上海商务印书馆、安源煤矿从事财务管理，1945年卒于重庆。生三子：长子志扬、次子宪扬、三子惠扬。

七世祖凌善安（1881—1948年），凌启莲七子，幼年赴国外留学，归国后曾任国子监教授，20世纪二三十年代先后担任过辅仁大学、北京大学、燕京大学、国立北平大学教授、国立北平师范大学教授。

七世祖凌善芳（1883—1911年），凌启莲八子，毕业于美国耶鲁大学，1900年修建广九铁路时任高级工程师，完成了广九铁路石龙段到深圳的测量、绘图和建筑工程工作。

[人物]

凌启莲（1842—1932年），毕业于李朗存真书院，在五华樟村、元坑、长山口、东江古竹、新安樟溪、李朗等地任教职，献身教会36年，至57岁才解职回家。凌启莲所创建的教堂有虎头山教堂（1879

年）、紫金古竹"福音堂"（1883 年）、新安布吉教堂（1902 年）和香港新界粉岭崇谦堂（1910 年）等。1910 年，凌启莲定居香港新界龙跃村，不时回梓里，联亲族之情。

凌道扬（1888—2003 年），凌善元长子，1912 年入美国麻省农业大学，后入耶鲁大学林学院，1914 年获耶鲁大学林学硕士学位，1915 年与韩安等林学家上书北洋政府，倡议以清明节为中国植树节，同年获批。1916 年被聘为南京金陵大学农学院林科主任，1928 年被聘为国立北平大学农学院教授兼森林系主任，1929 年任国立中央大学农学院教授兼森林系主任。自 1929 年起至抗日战争前夕，他连续担任中华林学会理事长。1955 年任崇基学院第二任院长等，是香港中文大学的缔造者之一。1960 年出任香港联合书院院长。凌道扬一生著述甚丰，著作有《森林学要览》《中国农业之经济状况》等，论文有《振兴林业为中国今日之急务》《大学森林教育方针之商榷》等。

凌达扬（1895—1986 年），凌善元次子，1915 年留学美国耶鲁大学和哈佛大学，获哥伦比亚大学硕士学位。1920 年回国后任清华大学英文教授。1933 年后历任青岛《英文明报》主编，东北大学、齐鲁大学、山东大学、中山大学、西南联合大学、云南大学英文系教授兼系主任。

凌宏璋（1919—2009 年），凌道扬长子，1949 年获美国密西根大学硕士，1956 年获纽约布克伦理工大学电机博士学位。自 1969 年起任教于美国马里兰大学，获颁荣誉教授。著有 170 篇学术论文，在美国享有 61 项专利，1969 年获选为美国电子工程学会会员，1978 年获颁该会埃伯斯奖（Ebers Award），被誉为 "IC （集成电路）之父"。1990 年被选入马里兰大学工程革新名誉厅，是美国马里兰大学终身教授。

凌宏琛（1924—? ），凌道扬次子，在成都华西坝齐鲁大学医学院学医，1944 年参加国民党王牌军新军远征缅甸。凌宏琛是中国八大胸外科专家之一。

凌宏焜，1927 年生，凌达扬长子，1949 年毕业于清华大学，参与建设吉林松花江上"丰满水电站"。1954 年建成全国最大的水电站，凌宏焜成为 1949 年后中国第一批水利水电工程师。

凌贤扬（1898—1970 年），凌善昭之子，1898 年 12 月 22 日生。1920 年在剑桥大学毕业，回国后在上海圣约翰大学任教。1922 年到北京，被选为基督教中华圣公会会长，1927 年担任北京崇德中学校长。抗日战争爆发后，凌贤扬拒绝为日寇服务，崇德中学被迫停办，燕京大学校长司徒雷登聘请他担任燕京大学高中部主任。1940 年秋到 1945 年，在北京师范大学西语系做兼任教授。1945 年抗日战争胜利以后，继续任崇德中学校长。1950 年为中华圣公会华北教区兼山东教区主教。1962 年起任北京市基督教三自爱国运动委员会副主席。1970 年 12 月 1 日病故，终年 72 岁。

凌志扬（1903—1980 年），凌善永长子，毕业于美国，曾任美国汽车公司中国总代理。

凌宪扬（1905—1958 年），凌善永次子，1929 年获南加州大学工商硕士学位，1930 年任中国航空公司驻美特别代表，淞沪抗战期间任十九路军驻美代表，历任重庆印刷厂、上海印钞厂厂长，中国钞券印制奠基人。还任沪江大学工商管理系讲师、东吴沪江联合法商学院（重庆）商学院院长、沪江大学末任校长。1946 年美国贝勒及韦克法斯特两所大学分别授予凌宪扬法学博士学位。

凌惠扬（1906—1999 年），凌善永三子，1936 年获湘雅医院博士学位。1945 年教育部授予外科副教授。历任国立中正医学院附属医院教授、副院长。1949 年后历任中国人民解放军第六军医大学（南昌）及第三军医大学（重庆）教授、附属医院副院长。

凌安娜（1912—2006 年），凌善永次女，1932 年考入上海国立音专，1937 年任湖南福湘女中音乐教师，1937—1950 年在长沙、香港、澳门从事钢琴教学，1951 年受聘为中国儿童艺术学院少年班钢琴教师及班主任。参与儿童剧《小白兔》的音乐创作，演出成功后受到周恩来接见。

凌忍扬（1925—？），凌善永八子，美南浸信会神学院圣乐硕士，密州肯沙市大学音乐博士。曾任俄克拉荷马浸信大学浸信会神学院、旧金山金门神学院音乐教授。

凌筱瑛（1900—1983 年），凌善昭次女，1928 年毕业于北京协和医学院，留任附属医院医师。后历任苏州博习医院、湖南沅陵宏恩医院妇产科主任，湖南省立产院院长等职。1948 年任上海市卫生局专员，赴美国、瑞典、丹麦、法国考察妇幼卫生工作。回国后，受命筹办上海市立妇婴保健院及上海市助产学校，任院长及校长。1949 年后任上海市第一妇婴保健院院长。凌筱瑛毕生致力于妇幼保健事业。当时妇产医学界有"南有凌筱瑛，北有林巧稚"之说。上海市立妇婴保健院创办伊始，即开设妇女保健、儿童保健及妇女性病门诊，定期召开孕妇会、母亲会、儿童会，宣传普及妇女保健和育儿知识。1955 年，首家开设避孕门诊，亲自指导、推广计划生育。之后又率先在医院成立新生儿科，配备专职儿科医师；首创新生儿病理室，开展新生儿尸体解剖；首办早产儿寄养室，提高早产儿成活率。还组织有关人员研制早产儿鼻胃喂管、新生儿气管插管，改进婴儿暖箱装置，改善早产儿保暖、喂养条件，提高新生儿抢救质量。

[祠堂]

凌氏宗祠位于布吉一村三巷 9 号，初建于康熙年间，在乾隆、道光及民国时进行过几次重修。堂号凌云堂，尊始迁新安布吉的凌日林为始祖，属梅州凌隆祥之后，是汉高支派。凌氏祠堂的建筑具有非常显著的中西合璧的特点，灰瓦白墙，西式拱形门，中式的立体灰塑，斗拱飞檐、雕梁画栋，里面是纯粹的客家风格。

参考书目

［1］舒懋官，王崇熙．（嘉庆）新安县志 [M]. 1820.

［2］宝安县志油印本 .1960.

［3］《宝安文史丛书》编纂委员会编，（康熙）新安县志校
　　注 [M]. 北京：中国大百科全书出版社，2006.6.

［4］萧国健．深圳地区之家族发展 [M]. 显朝书室，1992.

［5］陈淦琪．宝安沙井陈氏族谱汇编 .1993.

［6］深圳市史志办公室．深圳市十九镇简志 [M]. 深圳：海
　　天出版社，1996.

［7］宝安县地方志编纂委员会．宝安县志 [M]. 广州：广东
　　人民出版社，1997.

［8］深圳市梅林江夏黄族谱编修委员会．梅林、沙头念恭堂
　　黄氏族谱 .1998.

［9］邓佳景，塘尾邓氏族谱补写工作组．塘尾邓氏族谱 .2002.

［10］蔡屋围族谱编纂委员会．蔡屋围族谱 .2005.

［11］何小培．深圳布吉凌家 [M]. 广州：花城出版社 , 2006.

［12］大万曾氏重修族谱理事会．大万曾氏重修族谱 [M]. 北
　　　京：中国文史出版社 .2008.

[13] 周英雄，麦敏华 . 宝安文献志（卷二）[M]. 北京：中国文史出版社 , 2008.

[14] 彭全民 . 荷坳厚德堂陈氏族谱 [M]. 深圳：海天出版社 , 2011.

[15] 彭全民 . 深圳宝安德邻堂燕川陈氏族谱 [M]. 深圳：深圳报业集团出版社 , 2014.

一村一个姓，一姓一个祖宗。

这种宗族和村落重叠、血缘和地缘重叠的单姓村落，对于我来说，以前只是书本的知识而已。自从来到深圳工作，常年生活在曾经是农村的沙井，单姓村落的概念成为活生生的现实。除了几个原来是水上人家上岸形成的村落，绝大多数的行政村都是单姓村落，个别行政村由两姓组成，也无法融为一体，无论是经济生活还是社会生活，都各自为政。在公社化的时代，陈姓的壆岗村和潘姓的万丰村，陈姓的沙一村、沙二村和曾姓的东塘村，陈姓的沙三村、沙四村和另一个陈姓的衙边村，都曾经组成大队，最后还是分开独立成村。沙头社区由钟姓的沙头村和陈姓的茭塘村组成，后来茭塘村闹着分出来，成立茭塘社区。黄埔社区的洪田村是冼姓，和曾姓的黄埔、南洞自然村落也无法成为一家人，盼望着能独立出来，可见传统的家族观念和文化是如此的牢固和强大。

深圳的旧家族大概形成于明代晚期，鼎盛于清代乾嘉时期。语言的隔阂让北方来的官员不得不依赖乡绅维持地方的统治，而清代康熙迁界为单姓村落的形成提供了发展的空间。

单姓村落的中心都是祠堂，民居按照一定的规矩整齐排列在祠堂的后面和左右。修建这么多以各支系先祖名讳命名的祠堂，是当地宗亲不忘祖德宗功的生动佐证。这些为祭拜先祖而修建的祠堂，既传递着当地宗系生生不息的坚毅，也凝聚着脉脉相传的敬祖情结。

家族的历史，记录在一本本手抄的族谱上。翻阅族谱，那排列有序的、规整的、娟秀的小楷字体，无不令人感动。生生不息是中华民族的基因，也是一个家族的传承。血缘在字里行间流淌，一个一个的名字曾经是一个一个鲜活的生命，按照世系排列起来，就是一个家族。在生育上，一代又一代的人进行着艰苦卓绝的努力。"派止""绝""无出"等字眼，是族谱里无声的叹息，"继嗣""出继""螟蛉子"等字眼，是维系香火不灭的坚持。多子才能多福，这是世世代代中国人坚定不移的信念，这是维系家族瓜瓞绵绵的硬道理。

没有家庭就没有家族，没有家族就没有民族。家族文化是中国传统文化的重要组成部分，里面蕴含着中国人的生存哲学和社会治理的政治智慧，但愿今人能够重新认识家族文化的价值，找到活着的意义。

《深圳风物志》编委会

撰　　稿：程　建

学术顾问：廖虹雷

总 策 划：南兆旭

项目统筹：黄晓天

策划编辑：林叙真

绘　　图：许佳兴

装帧设计：李尚斌　焦泽亮　王秀玲

项目执行：越众文化传播